卞尺丹几乙し丹卞と
Translated Language Learning

The Communist Manifesto

Die Kommunistiese Manifes

Karl Marx & Friedrich Engels

English / Afrikaans

Published by Tranzlaty

ISBN: 978-1-83566-466-7

Original text by Karl Marx and Friedrich Engels

The Communist Manifesto

First published in 1848

www.tranzlaty.com

Introduction
Inleiding

A spectre is haunting Europe — the spectre of Communism
'N Spook spook in Europa - die spook van kommunisme
All the Powers of old Europe have entered into a holy alliance to exorcise this spectre
Al die magte van die ou Europa het 'n heilige alliansie aangegaan om hierdie spook uit te dryf
Pope and Czar, Metternich and Guizot, French Radicals and German police-spies
Pous en tsaar, Metternich en Guizot, Franse radikale en Duitse polisiespioene
Where is the party in opposition that has not been decried as Communistic by its opponents in power?
Waar is die party in opposisie wat nie deur sy teenstanders aan bewind as kommunisties afgemaak is nie?
Where is the Opposition that has not hurled back the branding reproach of Communism, against the more advanced opposition parties?
Waar is die Opposisie wat nie die handelsmerkverwyt van kommunisme, teen die meer gevorderde opposisiepartye, teruggeslinger het nie?
And where is the party that has not made the accusation against its reactionary adversaries?
En waar is die party wat nie die beskuldiging teen sy reaksionêre teëstanders gemaak het nie?
Two things result from this fact
Twee dinge is die gevolg van hierdie feit
I. Communism is already acknowledged by all European Powers to be itself a Power
I. Kommunisme word reeds deur alle Europese moondhede erken as 'n mag
II. It is high time that Communists should openly, in the face of the whole world, publish their views, aims and tendencies

II. Dit is hoog tyd dat kommuniste openlik, in die lig van die hele wêreld, hul sienings, doelstellings en neigings moet publiseer

they must meet this nursery tale of the Spectre of Communism with a Manifesto of the party itself

hulle moet hierdie kleuterverhaal van die spook van kommunisme ontmoet met 'n manifes van die party self

To this end, Communists of various nationalities have assembled in London and sketched the following Manifesto

Vir hierdie doel het kommuniste van verskillende nasionaliteite in Londen vergader en die volgende manifes geskets

this manifesto is to be published in the English, French, German, Italian, Flemish and Danish languages

hierdie manifes moet in die Engelse, Franse, Duitse, Italiaanse, Vlaamse en Deense tale gepubliseer word

And now it is to be published in all the languages that Tranzlaty offers

En nou moet dit gepubliseer word in al die tale wat Tranzlaty bied

Bourgeois and the Proletarians
Bourgeois en die Proletariërs

The history of all hitherto existing societies is the history of class struggles

Die geskiedenis van alle tot dusver bestaande samelewings is die geskiedenis van klassestryd

Freeman and slave, patrician and plebeian, lord and serf, guild-master and journeyman

Vryman en slaaf, patrisiër en plebejer, heer en slawe, gildemeester en reisgenoot

in a word, oppressor and oppressed

in 'n woord, onderdrukker en onderdrukte

these social classes stood in constant opposition to one another

Hierdie sosiale klasse het voortdurend teen mekaar gestaan

they carried on an uninterrupted fight. Now hidden, now open

hulle het 'n ononderbroke stryd gevoer. Nou weggesteek, nou oop

a fight that either ended in a revolutionary re-constitution of society at large

'n stryd wat óf geëindig het in 'n revolusionêre hersamestelling van die samelewing in die algemeen

or a fight that ended in the common ruin of the contending classes

of 'n geveg wat geëindig het in die gemeenskaplike ondergang van die strydende klasse

let us look back to the earlier epochs of history

Kom ons kyk terug na die vroeëre tydperke van die geskiedenis

we find almost everywhere a complicated arrangement of society into various orders

Ons vind byna oral 'n ingewikkelde rangskikking van die samelewing in verskillende ordes

there has always been a manifold gradation of social rank

Daar was nog altyd 'n veelvuldige gradering van sosiale rang

In ancient Rome we have patricians, knights, plebeians, slaves

In antieke Rome het ons patrisiërs, ridders, plebejers, slawe

in the Middle Ages: feudal lords, vassals, guild-masters, journeymen, apprentices, serfs

in die Middeleeue: feodale here, vasale, gildemeesters, reisgenote, vakleerlinge, slawe

in almost all of these classes, again, subordinate gradations

In byna al hierdie klasse, weereens, ondergeskikte gradasies

The modern Bourgeoisie society has sprouted from the ruins of feudal society

Die moderne bourgeoisie-samelewing het uit die ruïnes van die feodale samelewing ontstaan

but this new social order has not done away with class antagonisms

Maar hierdie nuwe sosiale orde het nie weggedoen met klasse-antagonismes nie

It has but established new classes and new conditions of oppression

Dit het maar nuwe klasse en nuwe toestande van onderdrukking gevestig

it has established new forms of struggle in place of the old ones

dit het nuwe vorme van stryd in die plek van die oues gevestig

however, the epoch we find ourselves in possesses one distinctive feature

Die tydperk waarin ons ons bevind, beskik egter oor een kenmerkende kenmerk

the epoch of the Bourgeoisie has simplified the class antagonisms

die tydperk van die bourgeoisie het die klasse-antagonismes vereenvoudig

Society as a whole is more and more splitting up into two great hostile camps

Die samelewing as geheel verdeel al hoe meer in twee groot vyandige kampe

two great social classes directly facing each other: Bourgeoisie and Proletariat

twee groot sosiale klasse wat direk teenoor mekaar staan: Bourgeoisie en Proletariaat

From the serfs of the Middle Ages sprang the chartered burghers of the earliest towns

Uit die slawe van die Middeleeue het die geoktrooieerde burgers van die vroegste dorpe ontstaan

From these burgesses the first elements of the Bourgeoisie were developed

Uit hierdie burgers is die eerste elemente van die bourgeoisie ontwikkel

The discovery of America and the rounding of the Cape

Die ontdekking van Amerika en die afronding van die Kaap

these events opened up fresh ground for the rising Bourgeoisie

hierdie gebeure het vars grond oopgemaak vir die opkomende bourgeoisie

The East-Indian and Chinese markets, the colonisation of America, trade with the colonies

Die Oos-Indiese en Chinese markte, die kolonisasie van Amerika, handel met die kolonies

the increase in the means of exchange and in commodities generally

die toename in die ruilmiddele en in kommoditeite in die algemeen

these events gave to commerce, navigation, and industry an impulse never before known

Hierdie gebeure het aan handel, navigasie en nywerheid 'n impuls gegee wat nog nooit tevore geken is nie

it gave rapid development to the revolutionary element in the tottering feudal society

Dit het 'n vinnige ontwikkeling gegee aan die revolusionêre element in die wankelende feodale samelewing

closed guilds had monopolised the feudal system of industrial production
Geslote gildes het die feodale stelsel van industriële produksie gemonopoliseer
but this no longer sufficed for the growing wants of the new markets
maar dit was nie meer voldoende vir die groeiende behoeftes van die nuwe markte nie
The manufacturing system took the place of the feudal system of industry
Die vervaardigingstelsel het die plek van die feodale nywerheidstelsel ingeneem
The guild-masters were pushed on one side by the manufacturing middle class
Die gildemeesters is aan die een kant gestoot deur die vervaardigingsmiddelklas
division of labour between the different corporate guilds vanished
Arbeidsverdeling tussen die verskillende korporatiewe gildes het verdwyn
the division of labour penetrated each single workshop
Die arbeidsverdeling het elke werkswinkel binnegedring
Meantime, the markets kept ever growing, and the demand ever rising
Intussen het die markte steeds gegroei, en die vraag het steeds gestyg
Even factories no longer sufficed to meet the demands
Selfs fabrieke was nie meer voldoende om aan die eise te voldoen nie
Thereupon, steam and machinery revolutionised industrial production
Daarna het stoom en masjinerie 'n rewolusie in industriële produksie gemaak
The place of manufacture was taken by the giant, Modern Industry

Die plek van vervaardiging is ingeneem deur die reuse,
moderne nywerheid

**the place of the industrial middle class was taken by
industrial millionaires**

Die plek van die industriële middelklas is deur industriële
miljoenêrs ingeneem

**the place of leaders of whole industrial armies were taken
by the modern Bourgeoisie**

die plek van leiers van hele industriële leërs is deur die
moderne bourgeoisie ingeneem

**the discovery of America paved the way for modern industry
to establish the world market**

die ontdekking van Amerika het die weg gebaan vir die
moderne industrie om die wêreldmark te vestig

**This market gave an immense development to commerce,
navigation, and communication by land**

Hierdie mark het 'n geweldige ontwikkeling gegee aan handel,
navigasie en kommunikasie oor land

**This development has, in its time, reacted on the extension
of industry**

Hierdie ontwikkeling het in sy tyd gereageer op die
uitbreiding van die nywerheid

**it reacted in proportion to how industry extended, and how
commerce, navigation and railways extended**

dit het gereageer in verhouding tot hoe die nywerheid
uitgebrei het, en hoe handel, navigasie en spoorweë uitgebrei
het

**in the same proportion that the Bourgeoisie developed, they
increased their capital**

in dieselfde verhouding as wat die bourgeoisie ontwikkel het,
het hulle hul kapitaal vermeerder

**and the Bourgeoisie pushed into the background every class
handed down from the Middle Ages**

en die bourgeoisie het elke klas wat uit die Middeleeue
oorgedra is, op die agtergrond gestoot

therefore the modern Bourgeoisie is itself the product of a long course of development

daarom is die moderne bourgeoisie self die produk van 'n lang ontwikkelingsverloop

we see it is a series of revolutions in the modes of production and of exchange

Ons sien dit is 'n reeks revolusies in die produksie- en ruilwyses

Each developmental Bourgeoisie step was accompanied by a corresponding political advance

Elke stap in die ontwikkelingsbourgeoisie het gepaard gegaan met 'n ooreenstemmende politieke vooruitgang

An oppressed class under the sway of the feudal nobility

'n Onderdrukte klas onder die heerskappy van die feodale adel

an armed and self-governing association in the mediaeval commune

'n Gewapende en selfregerende vereniging in die Middeleeuse Gemeente

here, an independent urban republic (as in Italy and Germany)

hier, 'n onafhanklike stedelike republiek (soos in Italië en Duitsland)

there, a taxable "third estate" of the monarchy (as in France)

daar, 'n belasbare "derde landgoed" van die monargie (soos in Frankryk)

afterwards, in the period of manufacture proper

daarna, in die tydperk van behoorlike vervaardiging

the Bourgeoisie served either the semi-feudal or the absolute monarchy

die bourgeoisie het óf die semi-feodale óf die absolute monargie gedien

or the Bourgeoisie acted as a counterpoise against the nobility

of die bourgeoisie het as 'n teengewig teen die adel opgetree

and, in fact, the Bourgeoisie was a corner-stone of the great monarchies in general

en in werklikheid was die bourgeoisie 'n hoeksteen van die groot monargieë in die algemeen

but Modern Industry and the world-market established itself since then

maar die moderne nywerheid en die wêreldmark het homself sedertdien gevestig

and the Bourgeoisie has conquered for itself exclusive political sway

en die bourgeoisie het vir homself eksklusiewe politieke heerskappy verower

it achieved this political sway through the modern representative State

dit het hierdie politieke invloed deur die moderne verteenwoordigende staat bereik

The executives of the modern State are but a management committee

Die uitvoerende beamptes van die moderne staat is maar 'n bestuurskomitee

and they manage the common affairs of the whole of the Bourgeoisie

en hulle bestuur die gemeenskaplike sake van die hele bourgeoisie

The Bourgeoisie, historically, has played a most revolutionary part

Die bourgeoisie het histories 'n baie revolusionêre rol gespeel

wherever it got the upper hand, it put an end to all feudal, patriarchal, and idyllic relations

Waar dit ook al die oorhand gekry het, het dit 'n einde gemaak aan alle feodale, patriargale en idilliese verhoudings

It has pitilessly torn asunder the motley feudal ties that bound man to his "natural superiors"

Dit het die bont feodale bande wat die mens aan sy "natuurlike meerderes" gebind het, genadeloos verskeur

and it has left remaining no nexus between man and man, other than naked self-interest

en dit het geen verband tussen mens en mens gelaat nie, behalwe naakte eiebelang

man's relations with one another have become nothing more than callous "cash payment"

Die mens se verhoudings met mekaar het niks meer as gevoellose "kontantbetaling" geword nie

It has drowned the most heavenly ecstasies of religious fervour

Dit het die mees hemelse ekstase van godsdienstige ywer verdrink

it has drowned chivalrous enthusiasm and philistine sentimentalism

dit het ridderlike entoesiasme en filistynse sentimentalisme verdrink

it has drowned these things in the icy water of egotistical calculation

dit het hierdie dinge verdrink in die ysige water van egoïstiese berekening

It has resolved personal worth into exchangeable value

Dit het persoonlike waarde in ruilwaarde opgelos

it has replaced the numberless and indefeasible chartered freedoms

dit het die ontelbare en onuitvoerbare geoktrooieerde vryhede vervang

and it has set up a single, unconscionable freedom; Free Trade

en dit het 'n enkele, gewetenlose vryheid geskep; Vrye handel

In one word, it has done this for exploitation

In een woord, dit het dit gedoen vir uitbuiting

exploitation veiled by religious and political illusions

uitbuiting versluier deur godsdienstige en politieke illusies

exploitation veiled by naked, shameless, direct, brutal exploitation

Uitbuiting versluier deur naakte, skaamtelose, direkte, wrede uitbuiting

the Bourgeoisie has stripped the halo off every previously honoured and revered occupation

die bourgeoisie het die stralekrans van elke voorheen geëerde en eerbiedige beroep gestroop

the physician, the lawyer, the priest, the poet, and the man of science

die geneesheer, die regsgeleerde, die priester, die digter en die man van die wetenskap

it has converted these distinguished workers into its paid wage labourers

dit het hierdie vooraanstaande werkers in sy betaalde loonarbeiders omskep

The Bourgeoisie has torn the sentimental veil away from the family

Die bourgeoisie het die sentimentele sluier van die gesin weggeruk

and it has reduced the family relation to a mere money relation

en dit het die familieverhouding tot 'n blote geldverhouding verminder

the brutal display of vigour in the Middle Ages which Reactionists so much admire

die wrede vertoning van krag in die Middeleeue wat reaksioniste so bewonder

even this found its fitting complement in the most slothful indolence

Selfs dit het sy gepaste aanvulling gevind in die mees lui traagheid

The Bourgeoisie has disclosed how all this came to pass

Die bourgeoisie het bekend gemaak hoe dit alles gebeur het

The Bourgeoisie have been the first to show what man's activity can bring about

Die bourgeoisie was die eerste om te wys wat die mens se aktiwiteit kan teweegbring

It has accomplished wonders far surpassing Egyptian pyramids, Roman aqueducts, and Gothic cathedrals

Dit het wonders verrig wat Egiptiese piramides, Romeinse akwadukte en Gotiese katedrale ver oortref het

and it has conducted expeditions that put in the shade all former Exoduses of nations and crusades

en dit het ekspedisies uitgevoer wat alle voormalige uittogte van nasies en kruistogte in die skaduwee geplaas het

The Bourgeoisie cannot exist without constantly revolutionising the instruments of production

Die bourgeoisie kan nie bestaan sonder om voortdurend 'n rewolusie in die produksie-instrumente te maak nie

and thereby it cannot exist without its relations to production

en daardeur kan dit nie bestaan sonder sy verhoudings tot produksie nie

and therefore it cannot exist without its relations to society

en daarom kan dit nie bestaan sonder sy verhoudings met die samelewing nie

all earlier industrial classes had one condition in common

Alle vroeëre industriële klasse het een toestand gemeen

they relied on the conservation of the old modes of production

hulle het staatgemaak op die behoud van die ou produksiemetodes

but the Bourgeoisie brought with it a completely new dynamic

maar die bourgeoisie het 'n heeltemal nuwe dinamiek meegebring

Constant revolutionizing of production and uninterrupted disturbance of all social conditions

Voortdurende rewolusie van produksie en ononderbroke versteuring van alle sosiale toestande

this everlasting uncertainty and agitation distinguishes the Bourgeoisie epoch from all earlier ones

hierdie ewige onsekerheid en agitasie onderskei die
Bourgeoisie-tydperk van alle vroeëre

**previous relations with production came with ancient and
venerable prejudices and opinions**

Vorige verhoudings met produksie het gekom met antieke en
eerbiedwaardige vooroordele en opinies

but all of these fixed, fast-frozen relations are swept away

Maar al hierdie vaste, vinnig bevrore verhoudings word
weggevee

**all new-formed relations become antiquated before they can
ossify**

Alle nuutgevormde verhoudings word verouderd voordat
hulle kan versteen

All that is solid melts into air, and all that is holy is profaned

Alles wat solied is, smelt in lug, en alles wat heilig is, word
ontheilig

**man is at last compelled to face with sober senses, his real
conditions of life**

Die mens word uiteindelik verplig om sy werklike
lewensomstandighede met nugter sintuie in die gesig te staar

and he is compelled to face his relations with his kind

en hy is verplig om sy verhoudings met sy soort in die gesig te
staar

**The Bourgeoisie constantly needs to expand its markets for
its products**

Die bourgeoisie moet voortdurend sy markte vir sy produkte
uitbrei

**and, because of this, the Bourgeoisie is chased over the
whole surface of the globe**

en as gevolg hiervan word die bourgeoisie oor die hele
oppervlak van die aardbol gejaag

**The Bourgeoisie must nestle everywhere, settle everywhere,
establish connections everywhere**

Die bourgeoisie moet oral nestel, oral vestig, oral verbindings
vestig

The Bourgeoisie must create markets in every corner of the world to exploit

Die bourgeoisie moet markte in elke uithoek van die wêreld skep om uit te buit

the production and consumption in every country has been given a cosmopolitan character

Die produksie en verbruik in elke land het 'n kosmopolitiese karakter gekry

the chagrin of Reactionists is palpable, but it has carried on regardless

die ergernis van reaksioniste is tasbaar, maar dit het ongeag voortgegaan

The Bourgeoisie have drawn from under the feet of industry the national ground on which it stood

Die bourgeoisie het die nasionale grond waarop dit gestaan het, onder die voete van die nywerheid weggetrek

all old-established national industries have been destroyed, or are daily being destroyed

Alle ou gevestigde nasionale nywerhede is vernietig, of word daagliks vernietig

all old-established national industries are dislodged by new industries

Alle ou-gevestigde nasionale nywerhede word deur nuwe nywerhede verdryf

their introduction becomes a life and death question for all civilised nations

Die bekendstelling daarvan word 'n kwessie van lewe en dood vir alle beskaafde nasies

they are dislodged by industries that no longer work up indigenous raw material

hulle word verdryf deur nywerhede wat nie meer inheemse grondstowwe opwerk nie

instead, these industries pull raw materials from the remotest zones

In plaas daarvan trek hierdie nywerhede grondstowwe uit die afgeleë gebiede

industries whose products are consumed, not only at home, but in every quarter of the globe

nywerhede waarvan die produkte nie net tuis verbruik word nie, maar in elke kwartaal van die wêreld

In place of the old wants, satisfied by the productions of the country, we find new wants

In die plek van die ou behoeftes, bevredig deur die produksies van die land, vind ons nuwe behoeftes

these new wants require for their satisfaction the products of distant lands and climes

Hierdie nuwe behoeftes vereis vir hul bevrediging die produkte van verre lande en klimaat

In place of the old local and national seclusion and self-sufficiency, we have trade

In die plek van die ou plaaslike en nasionale afsondering en selfvoorsiening, het ons handel

international exchange in every direction; universal inter-dependence of nations

internasionale uitruil in elke rigting; Universele interafhanklikheid van nasies

and just as we have dependency on materials, so we are dependent on intellectual production

en net soos ons afhanklik is van materiale, so is ons afhanklik van intellektuele produksie

The intellectual creations of individual nations become common property

Die intellektuele skeppings van individuele nasies word gemeenskaplike eiendom

National one-sidedness and narrow-mindedness become more and more impossible

Nasionale eensydigheid en bekrompenheid word al hoe meer onmoontlik

and from the numerous national and local literatures, there arises a world literature

en uit die talle nasionale en plaaslike literatuur ontstaan daar 'n wêreldliteratuur

by the rapid improvement of all instruments of production

deur die vinnige verbetering van alle produksie-instrumente

by the immensely facilitated means of communication

deur die uiters gefasiliteerde kommunikasiemiddele

The Bourgeoisie draws all (even the most barbarian nations) into civilisation

Die bourgeoisie trek almal (selfs die mees barbaarse nasies) in die beskawing in

The cheap prices of its commodities; the heavy artillery that batters down all Chinese walls

Die goedkoop pryse van sy kommoditeite; die swaar artillerie wat alle Chinese mure afslaan

the barbarians' intensely obstinate hatred of foreigners is forced to capitulate

Die barbare se intens hardnekkige haat vir buitelanders word gedwing om te kapituleer

It compels all nations, on pain of extinction, to adopt the Bourgeoisie mode of production

Dit dwing alle nasies, op straffe van uitwissing, om die bourgeoisie se produksiewyse aan te neem

it compels them to introduce what it calls civilisation into their midst

dit dwing hulle om wat dit beskawing noem in hul midde in te voer

The Bourgeoisie force the barbarians to become Bourgeoisie themselves

Die bourgeoisie dwing die barbare om self bourgeoisie te word

in a word, the Bourgeoisie creates a world after its own image

in 'n woord, die bourgeoisie skep 'n wêreld na sy eie beeld

The Bourgeoisie has subjected the countryside to the rule of the towns

Die bourgeoisie het die platteland aan die heerskappy van die dorpe onderwerp

It has created enormous cities and greatly increased the urban population

Dit het enorme stede geskep en die stedelike bevolking aansienlik vergroot

it rescued a considerable part of the population from the idiocy of rural life

dit het 'n aansienlike deel van die bevolking gered van die idiotie van die plattelandse lewe

but it has made those in the the countryside dependent on the towns

maar dit het diegene op die platteland afhanklik gemaak van die dorpe

and likewise, it has made the barbarian countries dependent on the civilised ones

en net so het dit die barbaarse lande afhanklik gemaak van die beskaafdes

nations of peasants on nations of Bourgeoisie, the East on the West

nasies van boere op nasies van bourgeoisie, die ooste op die weste

The Bourgeoisie does away with the scattered state of the population more and more

Die bourgeoisie doen meer en meer weg met die verspreide toestand van die bevolking

It has agglomerated production, and has concentrated property in a few hands

Dit het produksie geagglomereerde en het eiendom in 'n paar hande gekonsentreer

The necessary consequence of this was political centralisation

Die noodsaaklike gevolg hiervan was politieke sentralisasie

there had been independent nations and loosely connected provinces

daar was onafhanklike nasies en losweg verbonde provinsies

they had separate interests, laws, governments and systems of taxation

hulle het afsonderlike belange, wette, regerings en belastingstelsels gehad

but they have become lumped together into one nation, with one government

maar hulle het saamgevoeg in een nasie, met een regering

they now have one national class-interest, one frontier and one customs-tariff

Hulle het nou een nasionale klassebelang, een grens en een doeanetarief

and this national class-interest is unified under one code of law

en hierdie nasionale klassebelang is verenig onder een wetskode

the Bourgeoisie has achieved much during its rule of scarce one hundred years

die bourgeoisie het baie bereik tydens sy heerskappy van skaars honderd jaar

more massive and colossal productive forces than have all preceding generations together

meer massiewe en kolossale produktiewe kragte as al die vorige geslagte saam

Nature's forces are subjugated to the will of man and his machinery

Die natuur se kragte is onderwerp aan die wil van die mens en sy masjinerie

chemistry is applied to all forms of industry and types of agriculture

Chemie word toegepas op alle vorme van nywerheid en soorte landbou

steam-navigation, railways, electric telegraphs, and the printing press

stoomnavigasie, spoorweë, elektriese telegrawe en die drukpers

clearing of whole continents for cultivation, canalisation of rivers

skoonmaak van hele vastelande vir verbouing, kanalisering van riviere

whole populations have been conjured out of the ground and put to work

Hele bevolkings is uit die grond getower en aan die werk gesit

what earlier century had even a presentiment of what could be unleashed?

Watter vroeëre eeu het selfs 'n voorgevoel gehad van wat ontketen kon word?

who predicted that such productive forces slumbered in the lap of social labour?

Wie het voorspel dat sulke produktiewe kragte in die skoot van sosiale arbeid sluimer?

we see then that the means of production and of exchange were generated in feudal society

Ons sien dan dat die produksie- en ruilmiddele in die feodale samelewing gegenereer is

the means of production on whose foundation the Bourgeoisie built itself up

die produksiemiddele op wie se fondament die bourgeoisie homself opgebou het

At a certain stage in the development of these means of production and of exchange

Op 'n sekere stadium in die ontwikkeling van hierdie produksie- en ruilmiddele

the conditions under which feudal society produced and exchanged

Die omstandighede waaronder die feodale samelewing geproduseer en uitgeruil het

the feudal organisation of agriculture and manufacturing industry

Die feodale organisasie van landbou en vervaardigingsbedryf

the feudal relations of property were no longer compatible with the material conditions

Die feodale verhoudings van eiendom was nie meer versoenbaar met die materiële toestande nie

They had to be burst asunder, so they were burst asunder

Hulle moes uitmekaar gebars word, so hulle is uitmekaar gebars

Into their place stepped free competition from the productive forces

In hul plek het vrye mededinging van die produktiewe kragte gestap

and they were accompanied by a social and political constitution adapted to it

en hulle het gepaard gegaan met 'n sosiale en politieke grondwet wat daarby aangepas is

and it was accompanied by the economical and political sway of the Bourgeoisie class

en dit het gepaard gegaan met die ekonomiese en politieke invloed van die bourgeoisieklas

A similar movement is going on before our own eyes

'n Soortgelyke beweging is aan die gang voor ons eie oë

Modern Bourgeoisie society with its relations of production, and of exchange, and of property

Moderne bourgeoisie-samelewing met sy produksie-, ruil- en eiendomsverhoudinge

a society that has conjured up such gigantic means of production and of exchange

'n samelewing wat sulke reusagtige produksie- en ruilmiddele opgetower het

it is like the sorcerer who called up the powers of the nether world

Dit is soos die towenaar wat die magte van die onderwêreld opgeroep het

but he is no longer able to control what he has brought into the world

maar hy is nie meer in staat om te beheer wat hy in die wêreld gebring het nie

For many a decade past history was tied together by a common thread

Vir baie dekades was die geskiedenis van die verlede deur 'n gemeenskaplike draad saamgebind

the history of industry and commerce has been but the history of revolts

Die geskiedenis van nywerheid en handel was maar net die geskiedenis van opstande

the revolts of modern productive forces against modern conditions of production

Die opstande van moderne produktiewe kragte teen moderne produksietoestande

the revolts of modern productive forces against property relations

Die opstande van moderne produktiewe kragte teen eiendomsverhoudinge

these property relations are the conditions for the existence of the Bourgeoisie

hierdie eiendomsverhoudinge is die voorwaardes vir die bestaan van die bourgeoisie

and the existence of the Bourgeoisie determines the rules for property relations

en die bestaan van die bourgeoisie bepaal die reëls vir eiendomsverhoudinge

it is enough to mention the periodical return of commercial crises

Dit is genoeg om die periodieke terugkeer van kommersiële krisisse te noem

each commercial crisis is more threatening to Bourgeoisie society than the last

elke kommersiële krisis is meer bedreigend vir die bourgeoisie-samelewing as die vorige

In these crises a great part of the existing products are destroyed

In hierdie krisisse word 'n groot deel van die bestaande produkte vernietig

but these crises also destroy the previously created productive forces

Maar hierdie krisisse vernietig ook die voorheen geskepte produktiewe kragte

in all earlier epochs these epidemics would have seemed an absurdity

In alle vroeëre tydperke sou hierdie epidemies 'n absurditeit gelyk het

because these epidemics are the commercial crises of over-production

Omdat hierdie epidemies die kommersiële krisisse van oorproduksie is

Society suddenly finds itself put back into a state of momentary barbarism

Die samelewing bevind hom skielik weer in 'n toestand van kortstondige barbaarsheid

as if a universal war of devastation had cut off every means of subsistence

asof 'n universele oorlog van verwoesting elke bestaansmiddel afgesny het

industry and commerce seem to have been destroyed; and why?

Dit lyk asof nywerheid en handel vernietig is; en hoekom?

Because there is too much civilisation and means of subsistence

Omdat daar te veel beskawing en bestaansmiddele is

and because there is too much industry, and too much commerce

en omdat daar te veel nywerheid en te veel handel is

The productive forces at the disposal of society no longer develop Bourgeoisie property

Die produktiewe kragte tot die beskikking van die samelewing ontwikkel nie meer bourgeoisie-eiendom nie

on the contrary, they have become too powerful for these conditions, by which they are fettered

inteendeel, hulle het te magtig geword vir hierdie toestande, waardeur hulle vasgebind is

as soon as they overcome these fetters, they bring disorder into the whole of Bourgeoisie society

sodra hulle hierdie boeie oorkom, bring hulle wanorde in die hele bourgeoisie-samelewing

and the productive forces endanger the existence of Bourgeoisie property

en die produktiewe kragte stel die bestaan van bourgeoisie-eiendom in gevaar

The conditions of Bourgeoisie society are too narrow to comprise the wealth created by them

Die toestande van die bourgeoisie-samelewing is te eng om die rykdom wat daardeur geskep word, te omvat.

And how does the Bourgeoisie get over these crises?

En hoe kom die bourgeoisie oor hierdie krisisse?

On the one hand, it overcomes these crises by the enforced destruction of a mass of productive forces

Aan die een kant oorkom dit hierdie krisisse deur die gedwonge vernietiging van 'n massa produktiewe kragte

on the other hand, it overcomes these crises by the conquest of new markets

Aan die ander kant oorkom dit hierdie krisisse deur die verowering van nuwe markte

and it overcomes these crises by the more thorough exploitation of the old forces of production

en dit oorkom hierdie krisisse deur die deegliker uitbuiting van die ou produksiekragte

That is to say, by paving the way for more extensive and more destructive crises

Dit wil sê deur die weg te baan vir meer uitgebreide en meer vernietigende krisisse

it overcomes the crisis by diminishing the means whereby crises are prevented

dit oorkom die krisis deur die middele te verminder waardeur krisisse voorkom word

The weapons with which the Bourgeoisie felled feudalism to the ground are now turned against itself

Die wapens waarmee die bourgeoisie feodalisme op die grond afgekap het, is nou teen homself gedraai

But not only has the Bourgeoisie forged the weapons that bring death to itself

Maar nie net het die bourgeoisie die wapens gesmee wat die dood oor homself bring nie

it has also called into existence the men who are to wield those weapons

dit het ook die manne wat daardie wapens moet swaai, tot stand gebring

and these men are the modern working class; they are the proletarians

en hierdie mans is die moderne werkersklas; hulle is die proletariërs

In proportion as the Bourgeoisie is developed, in the same proportion is the Proletariat developed

In dieselfde mate as die bourgeoisie ontwikkel word, word die proletariaat in dieselfde verhouding ontwikkel

the modern working class developed a class of labourers

Die moderne werkersklas het 'n klas arbeiders ontwikkel

this class of labourers live only so long as they find work

Hierdie klas arbeiders leef net solank hulle werk kry

and they find work only so long as their labour increases capital

en hulle kry slegs werk solank hul arbeid kapitaal vermeerder

These labourers, who must sell themselves piece-meal, are a commodity

Hierdie arbeiders, wat hulself stuksgewys moet verkoop, is 'n kommoditeit

these labourers are like every other article of commerce

Hierdie arbeiders is soos elke ander handelsartikel

and they are consequently exposed to all the vicissitudes of competition

en hulle word gevolglik blootgestel aan al die wisselvalligheid van mededinging

they have to weather all the fluctuations of the market

hulle moet al die skommelinge van die mark deurstaan

Owing to the extensive use of machinery and to division of labour

As gevolg van die uitgebreide gebruik van masjinerie en arbeidsverdeling

the work of the proletarians has lost all individual character

Die werk van die proletariërs het alle individuele karakter verloor

and consequently, the work of the proletarians has lost all charm for the workman

en gevolglik het die werk van die proletariërs alle sjarme vir die werker verloor

He becomes an appendage of the machine, rather than the man he once was

Hy word 'n aanhangsel van die masjien, eerder as die man wat hy eens was

only the most simple, monotonous, and most easily acquired knack is required of him

Slegs die eenvoudigste, eentonigste en maklikste vaardigheid word van hom vereis

Hence, the cost of production of a workman is restricted

Daarom is die produksiekoste van 'n werker beperk

it is restricted almost entirely to the means of subsistence that he requires for his maintenance

dit is byna geheel en al beperk tot die bestaansmiddele wat hy benodig vir sy onderhoud

and it is restricted to the means of subsistence that he requires for the propagation of his race

en dit is beperk tot die bestaansmiddele wat hy benodig vir die voortplanting van sy ras

But the price of a commodity, and therefore also of labour, is equal to its cost of production

Maar die prys van 'n kommoditeit, en dus ook van arbeid, is gelyk aan sy produksiekoste

In proportion, therefore, as the repulsiveness of the work increases, the wage decreases

In verhouding daarom, namate die afstootlikheid van die werk toeneem, daal die loon

Nay, the repulsiveness of his work increases at an even greater rate

Nee, die afstootlikheid van sy werk neem selfs vinniger toe

as the use of machinery and division of labour increases, so does the burden of toil

Namate die gebruik van masjinerie en arbeidsverdeling toeneem, neem die las van arbeid ook toe

the burden of toil is increased by prolongation of the working hours

Die las van swoeg word verhoog deur verlenging van die werksure

more is expected of the labourer in the same time as before

meer word van die arbeider verwag in dieselfde tyd as voorheen

and of course the burden of the toil is increased by the speed of the machinery

en natuurlik word die las van die swoeg verhoog deur die spoed van die masjinerie

Modern industry has converted the little workshop of the patriarchal master into the great factory of the industrial capitalist

Die moderne nywerheid het die klein werkswinkel van die patriargale meester omskep in die groot fabriek van die industriële kapitalis

Masses of labourers, crowded into the factory, are organised like soldiers

Massas arbeiders, saamgedrom in die fabriek, is soos soldate georganiseer

As privates of the industrial army they are placed under the command of a perfect hierarchy of officers and sergeants

As privaat van die industriële leër word hulle onder bevel geplaas van 'n perfekte hiërargie van offisiere en sersante

they are not only the slaves of the Bourgeoisie class and State

hulle is nie net die slawe van die bourgeoisieklas en staat nie

but they are also daily and hourly enslaved by the machine

maar hulle word ook daagliks en uurliks deur die masjien verslaaf

they are enslaved by the over-looker, and, above all, by the individual Bourgeoisie manufacturer himself

hulle word verslaaf deur die toeskouer, en bowenal deur die individuele bourgeoisie-vervaardiger self

The more openly this despotism proclaims gain to be its end and aim, the more petty, the more hateful and the more embittering it is

Hoe meer openlik hierdie despotisme verkondig dat wins sy doel en doel is, hoe meer kleinlik, hoe meer haatlik en hoe meer bitter is dit

the more modern industry becomes developed, the lesser are the differences between the sexes

hoe meer moderne nywerhede ontwikkel word, hoe minder is die verskille tussen die geslagte

The less the skill and exertion of strength implied in manual labour, the more is the labour of men superseded by that of women

Hoe minder die vaardigheid en kraginspanning wat in handearbeid geïmpliseer word, hoe meer word die arbeid van mans vervang deur dié van vroue

Differences of age and sex no longer have any distinctive social validity for the working class

Verskille in ouderdom en geslag het nie meer enige kenmerkende sosiale geldigheid vir die werkersklas nie

All are instruments of labour, more or less expensive to use, according to their age and sex

Almal is arbeidsinstrumente, min of meer duur om te gebruik, volgens hul ouderdom en geslag

as soon as the labourer receives his wages in cash, than he is set upon by the other portions of the Bourgeoisie

sodra die arbeider sy loon in kontant ontvang, word hy deur die ander dele van die bourgeoisie aangepak

the landlord, the shopkeeper, the pawnbroker, etc

die verhuurder, die winkelier, die pandjiesmakelaar, ens

The lower strata of the middle class; the small trades people and shopkeepers

Die laer lae van die middelklas; die klein ambagsmanne en winkeliers

the retired tradesmen generally, and the handicraftsmen and peasants

die afgetrede ambagsmanne in die algemeen, en die vakmanne en boere

all these sink gradually into the Proletariat

al hierdie sink geleidelik in die proletariaat

partly because their diminutive capital does not suffice for the scale on which Modern Industry is carried on

deels omdat hul klein kapitaal nie voldoende is vir die skaal waarop die moderne nywerheid bedryf word nie

and because it is swamped in the competition with the large capitalists

en omdat dit oorweldig is in die mededinging met die groot kapitaliste

partly because their specialized skill is rendered worthless by the new methods of production

deels omdat hul gespesialiseerde vaardigheid waardeloos gemaak word deur die nuwe produksiemetodes

Thus the Proletariat is recruited from all classes of the population

So word die proletariaat uit alle klasse van die bevolking gewerf

The Proletariat goes through various stages of development

Die proletariaat gaan deur verskeie stadiums van ontwikkeling

With its birth begins its struggle with the Bourgeoisie

Met sy geboorte begin sy stryd met die bourgeoisie

At first the contest is carried on by individual labourers

Aanvanklik word die wedstryd deur individuele arbeiders gevoer

then the contest is carried on by the workpeople of a factory
Dan word die wedstryd deur die werkers van 'n fabriek
gevoer
then the contest is carried on by the operatives of one trade, in one locality
dan word die wedstryd gevoer deur die operateurs van een
ambag, op een plek
· **and the contest is then against the individual Bourgeoisie who directly exploits them**
en die stryd is dan teen die individuele bourgeoisie wat hulle
direk uitbuit
They direct their attacks not against the Bourgeoisie conditions of production
Hulle rig hul aanvalle nie teen die produksietoestande van die
bourgeoisie nie
but they direct their attack against the instruments of production themselves
maar hulle rig hul aanval teen die produksie-instrumente self
they destroy imported wares that compete with their labour
hulle vernietig ingevoerde ware wat met hul arbeid meeding
they smash to pieces machinery and they set factories ablaze
hulle breek masjinerie stukkend en hulle steek fabrieke aan die
brand
they seek to restore by force the vanished status of the workman of the Middle Ages
hulle poog om die verdwynde status van die werker van die
Middeleeue met geweld te herstel
At this stage the labourers still form an incoherent mass scattered over the whole country
Op hierdie stadium vorm die arbeiders steeds 'n
onsamehangende massa wat oor die hele land versprei is
and they are broken up by their mutual competition
en hulle word verbreek deur hul wedersydse mededinging
If anywhere they unite to form more compact bodies, this is not yet the consequence of their own active union

As hulle êrens verenig om meer kompakte liggame te vorm, is dit nog nie die gevolg van hul eie aktiewe vereniging nie

but it is a consequence of the union of the Bourgeoisie, to attain its own political ends

maar dit is 'n gevolg van die vereniging van die bourgeoisie, om sy eie politieke doelwitte te bereik

the Bourgeoisie is compelled to set the whole Proletariat in motion

die bourgeoisie is verplig om die hele proletariaat aan die gang te sit

and moreover, for a time being, the Bourgeoisie is able to do so

en boonop is die bourgeoisie vir 'n tyd in staat om dit te doen

At this stage, therefore, the proletarians do not fight their enemies

Op hierdie stadium veg die proletariërs dus nie teen hul vyande nie

but instead they are fighting the enemies of their enemies

maar in plaas daarvan veg hulle teen die vyande van hul vyande

the fight the remnants of absolute monarchy and the landowners

Die stryd teen die oorblyfsels van die absolute monargie en die grondeienaars

they fight the non-industrial Bourgeoisie; the petty Bourgeoisie

hulle veg teen die nie-industriële bourgeoisie; die kleinburgery

Thus the whole historical movement is concentrated in the hands of the Bourgeoisie

Die hele historiese beweging is dus in die hande van die bourgeoisie gekonsentreer

every victory so obtained is a victory for the Bourgeoisie

elke oorwinning wat so behaal word, is 'n oorwinning vir die bourgeoisie

But with the development of industry the Proletariat not only increases in number

Maar met die ontwikkeling van die nywerheid neem die proletariaat nie net toe nie

the Proletariat becomes concentrated in greater masses and its strength grows

die proletariaat word in groter massas gekonsentreer en sy krag groei

and the Proletariat feels that strength more and more

en die proletariaat voel daardie krag meer en meer

The various interests and conditions of life within the ranks of the Proletariat are more and more equalised

Die verskillende belange en lewensomstandighede binne die geledere van die proletariaat word al hoe meer gelyk gemaak

they become more in proportion as machinery obliterates all distinctions of labour

hulle word meer in verhouding namate masjinerie alle onderskeidings van arbeid uitwis

and machinery nearly everywhere reduces wages to the same low level

en masjinerie byna oral verlaag lone tot dieselfde lae vlak

The growing competition among the Bourgeoisie, and the resulting commercial crises, make the wages of the workers ever more fluctuating

Die groeiende mededinging onder die bourgeoisie, en die gevolglike kommersiële krisisse, maak die lone van die werkers al hoe meer wisselend

The unceasing improvement of machinery, ever more rapidly developing, makes their livelihood more and more precarious

Die onophoudelike verbetering van masjinerie, wat al hoe vinniger ontwikkel, maak hul bestaan al hoe meer onseker

the collisions between individual workmen and individual Bourgeoisie take more and more the character of collisions between two classes

die botsings tussen individuele werkers en individuele bourgeoisie neem meer en meer die karakter van botsings tussen twee klasse aan

Thereupon the workers begin to form combinations (Trades Unions) against the Bourgeoisie
Daarna begin die werkers kombinasies (vakbonde) teen die bourgeoisie vorm

they club together in order to keep up the rate of wages
hulle klub saam om die loonkoers te handhaaf

they found permanent associations in order to make provision beforehand for these occasional revolts
hulle het permanente verenigings gevind om vooraf voorsiening te maak vir hierdie af en toe opstande

Here and there the contest breaks out into riots
Hier en daar breek die wedstryd uit in onluste

Now and then the workers are victorious, but only for a time
Nou en dan seëvier die werkers, maar net vir 'n tyd

The real fruit of their battles lies, not in the immediate result, but in the ever-expanding union of the workers
Die werklike vrug van hul gevegte lê nie in die onmiddellike resultaat nie, maar in die steeds groeiende vakbond van die werkers

This union is helped on by the improved means of communication that are created by modern industry
Hierdie vakbond word aangehelp deur die verbeterde kommunikasiemiddele wat deur die moderne nywerheid geskep word

modern communication places the workers of different localities in contact with one another
Moderne kommunikasie plaas die werkers van verskillende plekke in kontak met mekaar

It was just this contact that was needed to centralise the numerous local struggles into one national struggle between classes

Dit was juis hierdie kontak wat nodig was om die talle plaaslike stryd in een nasionale stryd tussen klasse te sentraliseer

all of these struggles are of the same character, and every class struggle is a political struggle

Al hierdie stryd is van dieselfde karakter, en elke klassestryd is 'n politieke stryd

the burghers of the Middle Ages, with their miserable highways, required centuries to form their unions

die burgers van die Middeleeue, met hul ellendige snelweë, het eeue nodig gehad om hul vakbonde te vorm

the modern proletarians, thanks to railways, achieve their unions within a few years

Die moderne proletariërs bereik, danksy spoorweë, hul vakbonde binne 'n paar jaar

This organisation of the proletarians into a class consequently formed them into a political party

Hierdie organisasie van die proletariërs in 'n klas het hulle gevolglik in 'n politieke party gevorm

the political class is continually being upset again by the competition between the workers themselves

Die politieke klas word voortdurend weer ontsteld deur die mededinging tussen die werkers self

But the political class continues to rise up again, stronger, firmer, mightier

Maar die politieke klas gaan voort om weer op te staan, sterker, fermer, magtiger

It compels legislative recognition of particular interests of the workers

Dit dwing wetgewende erkenning van spesifieke belange van die werkers af

it does this by taking advantage of the divisions among the Bourgeoisie itself

dit doen dit deur voordeel te trek uit die verdeeldheid onder die bourgeoisie self

Thus the ten-hours' bill in England was put into law

So is die tien-uur-wetsontwerp in Engeland in wet gestel

in many ways the collisions between the classes of the old society further is the course of development of the Proletariat

in baie opsigte is die botsings tussen die klasse van die ou samelewing verder die verloop van ontwikkeling van die proletariaat

The Bourgeoisie finds itself involved in a constant battle

Die bourgeoisie bevind hom in 'n voortdurende stryd

At first it will find itself involved in a constant battle with the aristocracy

Aanvanklik sal dit in 'n voortdurende stryd met die aristokrasie betrokke wees

later on it will find itself involved in a constant battle with those portions of the Bourgeoisie itself

later sal dit homself in 'n voortdurende stryd met daardie dele van die bourgeoisie self bevind

and their interests will have become antagonistic to the progress of industry

en hul belange sal antagonisties geword het met die vooruitgang van die nywerheid

at all times, their interests will have become antagonistic with the Bourgeoisie of foreign countries

te alle tye sal hul belange antagonisties geraak het met die bourgeoisie van die buiteland

In all these battles it sees itself compelled to appeal to the Proletariat, and asks for its help

In al hierdie gevegte sien hy homself verplig om 'n beroep op die proletariaat te doen en vra sy hulp

and thus, it will feel compelled to drag it into the political arena

en dus sal dit verplig voel om dit in die politieke arena in te sleep

The Bourgeoisie itself, therefore, supplies the Proletariat with its own instruments of political and general education

Die bourgeoisie self voorsien dus die proletariaat van sy eie instrumente van politieke en algemene opvoeding

in other words, it furnishes the Proletariat with weapons for fighting the Bourgeoisie

met ander woorde, dit voorsien die proletariaat van wapens om die bourgeoisie te beveg

Further, as we have already seen, entire sections of the ruling classes are precipitated into the Proletariat

Verder, soos ons reeds gesien het, word hele dele van die heersende klasse in die proletariaat neergeslaan

the advance of industry sucks them into the Proletariat

die vooruitgang van die nywerheid suig hulle in die proletariaat in

or, at least, they are threatened in their conditions of existence

of, ten minste, hulle word bedreig in hul bestaansomstandighede

These also supply the Proletariat with fresh elements of enlightenment and progress

Dit voorsien ook die proletariaat van vars elemente van verligting en vooruitgang

Finally, in times when the class struggle nears the decisive hour

Uiteindelik, in tye wanneer die klassestryd die beslissende uur nader

the process of dissolution going on within the ruling class

die proses van ontbinding wat binne die heersersklas aan die gang is

in fact, the dissolution going on within the ruling class will be felt within the whole range of society

trouens, die ontbinding wat binne die heersersklas plaasvind, sal binne die hele omvang van die samelewing gevoel word

it will take on such a violent, glaring character, that a small section of the ruling class cuts itself adrift

dit sal so 'n gewelddadige, opvallende karakter aanneem dat 'n klein deel van die heersersklas homself wegdryf

and that ruling class will join the revolutionary class

en dat die heersersklas by die revolusionêre klas sal aansluit

the revolutionary class being the class that holds the future in its hands

die revolusionêre klas is die klas wat die toekoms in sy hande hou

Just as at an earlier period, a section of the nobility went over to the Bourgeoisie

Net soos in 'n vroeëre tydperk, het 'n deel van die adel na die bourgeoisie oorgegaan

the same way a portion of the Bourgeoisie will go over to the Proletariat

op dieselfde manier sal 'n deel van die bourgeoisie na die proletariaat oorgaan

in particular, a portion of the Bourgeoisie will go over to a portion of the Bourgeoisie ideologists

in die besonder sal 'n gedeelte van die bourgeoisie na 'n gedeelte van die bourgeoisie-ideoloë oorgaan

Bourgeoisie ideologists who have raised themselves to the level of comprehending theoretically the historical movement as a whole

Bourgeoisie-ideoloë wat hulself verhef het tot die vlak om die historiese beweging as geheel teoreties te begryp

Of all the classes that stand face to face with the Bourgeoisie today, the Proletariat alone is a really revolutionary class

Van al die klasse wat vandag van aangesig tot aangesig met die bourgeoisie staan, is die proletariaat alleen 'n werklik revolusionêre klas

The other classes decay and finally disappear in the face of Modern Industry

Die ander klasse verval en verdwyn uiteindelik in die aangesig van die moderne nywerheid

the Proletariat is its special and essential product

die Proletariaat is sy spesiale en noodsaaklike produk

The lower middle class, the small manufacturer, the shopkeeper, the artisan, the peasant

Die laer middelklas, die klein vervaardiger, die winkelier, die ambagsman, die

all these fight against the Bourgeoisie

al hierdie veg teen die bourgeoisie

they fight as fractions of the middle class to save themselves from extinction

hulle veg as fraksies van die middelklas om hulself van uitwissing te red

They are therefore not revolutionary, but conservative

Hulle is dus nie revolusionêr nie, maar konserwatief

Nay more, they are reactionary, for they try to roll back the wheel of history

Nee, hulle is reaksionêr, want hulle probeer die wiel van die geskiedenis terugrol

If by chance they are revolutionary, they are so only in view of their impending transfer into the Proletariat

As hulle toevallig revolusionêr is, is hulle dit slegs in die lig van hul naderende oorplasing na die proletariaat

they thus defend not their present, but their future interests

hulle verdedig dus nie hul hede nie, maar hul toekomstige belange

they desert their own standpoint to place themselves at that of the Proletariat

hulle verlaat hul eie standpunt om hulself by dié van die proletariaat te plaas

The "dangerous class," the social scum, that passively rotting mass thrown off by the lowest layers of old society

Die 'gevaarlike klas', die sosiale skuim, daardie passief verrottende massa wat deur die laagste lae van die ou samelewing afgegooi word

they may, here and there, be swept into the movement by a proletarian revolution

hulle kan hier en daar deur 'n proletariese rewolusie in die beweging meegesleur word

its conditions of life, however, prepare it far more for the part of a bribed tool of reactionary intrigue

sy lewensomstandighede berei dit egter baie meer voor vir die rol van 'n omkoopinstrument van reaksionêre intrige

In the conditions of the Proletariat, those of old society at large are already virtually swamped

In die omstandighede van die proletariaat is dié van die ou samelewing in die algemeen reeds feitlik oorweldig

The proletarian is without property

Die proletariër is sonder eiendom

his relation to his wife and children has no longer anything in common with the Bourgeoisie's family-relations

sy verhouding met sy vrou en kinders het niks meer gemeen met die Bourgeoisie se familieverhoudinge nie

modern industrial labour, modern subjection to capital, the same in England as in France, in America as in Germany

moderne industriële arbeid, moderne onderdanigheid aan kapitaal, dieselfde in Engeland as in Frankryk, in Amerika as in Duitsland

his condition in society has stripped him of every trace of national character

Sy toestand in die samelewing het hom van elke spoor van nasionale karakter gestroop

Law, morality, religion, are to him so many Bourgeoisie prejudices

Wet, moraliteit, godsdiens is vir hom soveel vooroordele van die bourgeoisie

and behind these prejudices lurk in ambush just as many Bourgeoisie interests

en agter hierdie vooroordele skuil in 'n hinderlaag net soos baie bourgeoisie-belange

All the preceding classes that got the upper hand, sought to fortify their already acquired status

Al die voorafgaande klasse wat die oorhand gekry het, het probeer om hul reeds verworwe status te versterk

they did this by subjecting society at large to their conditions of appropriation

hulle het dit gedoen deur die samelewing in die algemeen aan hul voorwaardes van toe-eiening te onderwerp

The proletarians cannot become masters of the productive forces of society

Die proletariërs kan nie meesters word van die produktiewe kragte van die samelewing nie

it can only do this by abolishing their own previous mode of appropriation

dit kan slegs gedoen word deur hul eie vorige manier van toe-eiening af te skaf

and thereby it also abolishes every other previous mode of appropriation

en daardeur skaf dit ook elke ander vorige manier van toe-eiening af

They have nothing of their own to secure and to fortify

Hulle het niks van hul eie om te beveilig en te versterk nie

their mission is to destroy all previous securities for, and insurances of, individual property

hul missie is om alle vorige sekuriteite vir en versekering van individuele eiendom te vernietig

All previous historical movements were movements of minorities

Alle vorige historiese bewegings was bewegings van minderhede

or they were movements in the interests of minorities

of dit was bewegings in belang van minderhede

The proletarian movement is the self-conscious, independent movement of the immense majority

Die proletariese beweging is die selfbewuste, onafhanklike beweging van die oorgrote meerderheid

and it is a movement in the interests of the immense majority

en dit is 'n beweging in die belang van die oorgrote meerderheid

The Proletariat, the lowest stratum of our present society

Die proletariaat, die laagste laag van ons huidige samelewing

it cannot stir or raise itself up without the whole superincumbent strata of official society being sprung into the air

dit kan homself nie roer of verhef sonder dat die hele bekleërende lae van die amptelike samelewing in die lug spring nie

Though not in substance, yet in form, the struggle of the Proletariat with the Bourgeoisie is at first a national struggle

Alhoewel dit nie in wese is nie, is die stryd van die proletariaat met die bourgeoisie aanvanklik 'n nasionale stryd

The Proletariat of each country must, of course, first of all settle matters with its own Bourgeoisie

Die proletariaat van elke land moet natuurlik eerstens sake met sy eie bourgeoisie afhandel

In depicting the most general phases of the development of the Proletariat, we traced the more or less veiled civil war

Deur die mees algemene fases van die ontwikkeling van die proletariaat uit te beeld, het ons die min of meer bedekte burgeroorlog opgespoor

this civil is raging within existing society

Hierdie burgerlike woed binne die bestaande samelewing

it will rage up to the point where that war breaks out into open revolution

dit sal woed tot op die punt waar daardie oorlog in 'n openlike rewolusie uitbreek

and then the violent overthrow of the Bourgeoisie lays the foundation for the sway of the Proletariat

en dan lê die gewelddadige omverwerping van die bourgeoisie die grondslag vir die heerskappy van die proletariaat

Hitherto, every form of society has been based, as we have already seen, on the antagonism of oppressing and oppressed classes

Tot dusver was elke vorm van samelewing, soos ons reeds gesien het, gebaseer op die antagonisme van onderdrukkende en onderdrukte klasse

But in order to oppress a class, certain conditions must be assured to it

Maar om 'n klas te onderdruk, moet sekere voorwaardes daaraan verseker word

the class must be kept under conditions in which it can, at least, continue its slavish existence

die klas moet onder omstandighede gehou word waarin dit ten minste sy slaafse bestaan kan voortsit

The serf, in the period of serfdom, raised himself to membership in the commune

Die slawe het homself in die tydperk van slawerny tot lidmaatskap van die gemeente verhef

just as the petty Bourgeoisie, under the yoke of feudal absolutism, managed to develop into a Bourgeoisie

net soos die kleinburgery, onder die juk van feodale absolutisme, daarin geslaag het om tot 'n bourgeoisie te ontwikkel

The modern labourer, on the contrary, instead of rising with the progress of industry, sinks deeper and deeper

Die moderne arbeider, inteendeel, in plaas daarvan om met die vooruitgang van die nywerheid te styg, sink dieper en dieper

he sinks below the conditions of existence of his own class

hy sink onder die bestaansvoorwaardes van sy eie klas

He becomes a pauper, and pauperism develops more rapidly than population and wealth

Hy word 'n armes, en pauperisme ontwikkel vinniger as bevolking en rykdom

And here it becomes evident, that the Bourgeoisie is unfit any longer to be the ruling class in society

En hier word dit duidelik dat die bourgeoisie nie meer geskik is om die heersersklas in die samelewing te wees nie

and it is unfit to impose its conditions of existence upon society as an over-riding law

en dit is ongeskik om sy bestaansvoorwaardes op die samelewing af te dwing as 'n oorheersende wet

It is unfit to rule because it is incompetent to assure an existence to its slave within his slavery

Dit is ongeskik om te regeer omdat dit onbevoeg is om 'n bestaan aan sy slaaf binne sy slawerny te verseker

because it cannot help letting him sink into such a state, that it has to feed him, instead of being fed by him

want dit kan nie help om hom in so 'n toestand te laat wegsink nie, dat dit hom moet voed, in plaas daarvan om deur hom gevoed te word

Society can no longer live under this Bourgeoisie

Die samelewing kan nie meer onder hierdie bourgeoisie leef nie

in other words, its existence is no longer compatible with society

Met ander woorde, die bestaan daarvan is nie meer versoenbaar met die samelewing nie

The essential condition for the existence, and for the sway of the Bourgeoisie class, is the formation and augmentation of capital

Die wesenlike voorwaarde vir die bestaan en vir die heerskappy van die bourgeoisieklas is die vorming en vermeerdering van kapitaal

the condition for capital is wage-labour

Die voorwaarde vir kapitaal is loonarbeid

Wage-labour rests exclusively on competition between the labourers

Loonarbeid berus uitsluitlik op mededinging tussen die arbeiders

The advance of industry, whose involuntary promoter is the Bourgeoisie, replaces the isolation of the labourers

Die vooruitgang van die nywerheid, wie se onwillekeurige promotor die bourgeoisie is, vervang die isolasie van die arbeiders

due to competition, due to their revolutionary combination, due to association

as gevolg van mededinging, as gevolg van hul revolusionêre kombinasie, as gevolg van assosiasie

The development of Modern Industry cuts from under its feet the very foundation on which the Bourgeoisie produces and appropriates products

Die ontwikkeling van die moderne nywerheid sny die fondament waarop die bourgeoisie produkte produseer en toeëien onder sy voete af

What the Bourgeoisie produces, above all, is its own grave-diggers

Wat die bourgeoisie produseer, is bowenal sy eie grafdelwers

The fall of the Bourgeoisie and the victory of the Proletariat are equally inevitable

Die val van die bourgeoisie en die oorwinning van die proletariaat is ewe onvermydelik

Proletarians and Communists
Proletariërs en kommuniste

In what relation do the Communists stand to the proletarians as a whole?
In watter verhouding staan die Kommuniste tot die proletariërs as geheel?

The Communists do not form a separate party opposed to other working-class parties
Die Kommuniste vorm nie 'n aparte party wat teen ander werkersklaspartye gekant is nie

They have no interests separate and apart from those of the proletariat as a whole
Hulle het geen belange apart en apart van dié van die proletariaat as geheel nie

They do not set up any sectarian principles of their own, by which to shape and mould the proletarian movement
Hulle stel geen sektariese beginsels van hul eie op om die proletariese beweging te vorm en te vorm nie

The Communists are distinguished from the other working-class parties by only two things
Die Kommuniste onderskei slegs twee dinge van die ander werkersklaspartye

Firstly, they point out and bring to the front the common interests of the entire proletariat, independently of all nationality
Eerstens wys hulle die gemeenskaplike belange van die hele proletariaat, onafhanklik van alle nasionaliteit, na vore

this they do in the national struggles of the proletarians of the different countries
Dit doen hulle in die nasionale stryd van die proletariërs van die verskillende lande

Secondly, they always and everywhere represent the interests of the movement as a whole
Tweedens verteenwoordig hulle altyd en oral die belange van die beweging as geheel

this they do in the various stages of development, which the struggle of the working class against the Bourgeoisie has to pass through

dit doen hulle in die verskillende stadiums van ontwikkeling, waardeur die stryd van die werkersklas teen die bourgeoisie moet gaan

The Communists, therefore, are on the one hand, practically, the most advanced and resolute section of the working-class parties of every country

Die Kommuniste is dus aan die een kant, feitlik, die mees gevorderde en vasberade deel van die werkersklaspartye van elke land

they are that section of the working class which pushes forward all others

hulle is daardie deel van die werkersklas wat alle ander vorentoe stoot

theoretically, they also have the advantage of clearly understanding the line of march

Teoreties het hulle ook die voordeel dat hulle die marslyn duidelik verstaan

this they understand better compared the great mass of the proletariat

Dit verstaan hulle beter in vergelyking met die groot massa van die proletariaat

they understand the conditions, and the ultimate general results of the proletarian movement

Hulle verstaan die toestande en die uiteindelike algemene resultate van die proletariese beweging

The immediate aim of the Communist is the same as that of all the other proletarian parties

Die onmiddellike doel van die Kommunistiese is dieselfde as dié van al die ander proletariese partye

their aim is the formation of the proletariat into a class

Hulle doel is die vorming van die proletariaat in 'n klas

they aim to overthrow the Bourgeoisie supremacy

hulle poog om die oppergesag van die bourgeoisie omver te
werp
**the strive for the conquest of political power by the
proletariat**
die strewe na die verowering van politieke mag deur die
proletariaat
**The theoretical conclusions of the Communists are in no
way based on ideas or principles of reformers**
Die teoretiese gevolgtrekkings van die Kommuniste is
geensins gebaseer op idees of beginsels van hervormers nie
**it wasn't would-be universal reformers that invented or
discovered the theoretical conclusions of the Communists**
dit was nie voornemende universele hervormers wat die
teoretiese gevolgtrekkings van die Kommuniste uitgevind of
ontdek het nie
**They merely express, in general terms, actual relations
springing from an existing class struggle**
Hulle druk bloot in algemene terme werklike verhoudings uit
wat uit 'n bestaande klassestryd spruit
**and they describe the historical movement going on under
our very eyes that have created this class struggle**
en hulle beskryf die historiese beweging wat onder ons oë aan
die gang is wat hierdie klassestryd geskep het
**The abolition of existing property relations is not at all a
distinctive feature of Communism**
Die afskaffing van bestaande eiendomsverhoudinge is glad
nie 'n kenmerkende kenmerk van kommunisme nie
**All property relations in the past have continually been
subject to historical change**
Alle eiendomsverhoudinge in die verlede was voortdurend
onderhewig aan historiese verandering
**and these changes were consequent upon the change in
historical conditions**
en hierdie veranderinge was die gevolg van die verandering
in historiese toestande

The French Revolution, for example, abolished feudal property in favour of Bourgeoisie property

Die Franse Revolusie het byvoorbeeld feodale eiendom afgeskaf ten gunste van bourgeoisie-eiendom

The distinguishing feature of Communism is not the abolition of property, generally

Die onderskeidende kenmerk van kommunisme is nie die afskaffing van eiendom oor die algemeen nie

but the distinguishing feature of Communism is the abolition of Bourgeoisie property

maar die onderskeidende kenmerk van kommunisme is die afskaffing van bourgeoisie-eiendom

But modern Bourgeoisie private property is the final and most complete expression of the system of producing and appropriating products

Maar die moderne bourgeoisie se private eiendom is die finale en mees volledige uitdrukking van die stelsel van die vervaardiging en toe-eiening van produkte

it is the final state of a system that is based on class antagonisms, where class antagonism is the exploitation of the many by the few

Dit is die finale toestand van 'n stelsel wat gebaseer is op klasse-antagonismes, waar klasse-antagonisme die uitbuiting van die baie deur die min is

In this sense, the theory of the Communists may be summed up in the single sentence; the Abolition of private property

In hierdie sin kan die teorie van die Kommuniste in die enkele sin opgesom word; die afskaffing van privaat eiendom

We Communists have been reproached with the desire of abolishing the right of personally acquiring property

Ons kommuniste is verwyt oor die begeerte om die reg om eiendom persoonlik te bekom af te skaf

it is claimed that this property is the fruit of a man's own labour

Daar word beweer dat hierdie eiendom die vrug van 'n man se eie arbeid is

and this property is alleged to be the groundwork of all personal freedom, activity and independence.
en hierdie eiendom is na bewering die grondslag van alle persoonlike vryheid, aktiwiteit en onafhanklikheid.

"Hard-won, self-acquired, self-earned property!"
"Swaarwonne, selfverworwe, selfverdiende eiendom!"

Do you mean the property of the petty artisan and of the small peasant?
Bedoel jy die eiendom van die klein ambagsman en van die kleinboer?

Do you mean a form of property that preceded the Bourgeoisie form?
Bedoel jy 'n vorm van eiendom wat die bourgeoisie-vorm voorafgegaan het?

There is no need to abolish that, the development of industry has to a great extent already destroyed it
Dit is nie nodig om dit af te skaf nie, die ontwikkeling van die nywerheid het dit reeds tot 'n groot mate vernietig

and development of industry is still destroying it daily
en die ontwikkeling van die nywerheid vernietig dit steeds daagliks

Or do you mean modern Bourgeoisie private property?
Of bedoel jy moderne bourgeoisie private eiendom?

But does wage-labour create any property for the labourer?
Maar skep loonarbeid enige eiendom vir die arbeider?

no, wage labour creates not one bit of this kind of property!
Nee, loonarbeid skep nie 'n bietjie van hierdie soort eiendom nie!

what wage labour does create is capital; that kind of property which exploits wage-labour
wat loonarbeid wel skep, is kapitaal; daardie soort eiendom wat loonarbeid uitbuit

capital cannot increase except upon condition of begetting a new supply of wage-labour for fresh exploitation

kapitaal kan nie toeneem nie, behalwe op voorwaarde dat 'n nuwe aanbod van loonarbeid vir nuwe uitbuiting verwek word

Property, in its present form, is based on the antagonism of capital and wage-labour

Eiendom, in sy huidige vorm, is gebaseer op die antagonisme van kapitaal en loonarbeid

Let us examine both sides of this antagonism

Kom ons ondersoek beide kante van hierdie antagonisme

To be a capitalist is to have not only a purely personal status

Om 'n kapitalis te wees, is om nie net 'n suiwer persoonlike status te hê nie

instead, to be a capitalist is also to have a social status in production

in plaas daarvan, om 'n kapitalis te wees, is ook om 'n sosiale status in produksie te hê

because capital is a collective product; only by the united action of many members can it be set in motion

omdat kapitaal 'n kollektiewe produk is; Slegs deur die verenigde optrede van baie lede kan dit aan die gang gesit word

but this united action is a last resort, and actually requires all members of society

Maar hierdie verenigde optrede is 'n laaste uitweg, en vereis eintlik alle lede van die samelewing

Capital does get converted into the property of all members of society

Kapitaal word wel omskep in die eiendom van alle lede van die samelewing

but Capital is, therefore, not a personal power; it is a social power

maar kapitaal is dus nie 'n persoonlike mag nie; dit is 'n sosiale mag

so when capital is converted into social property, personal property is not thereby transformed into social property

Wanneer kapitaal dus in sosiale eiendom omskep word, word persoonlike eiendom nie daardeur in sosiale eiendom omskep nie

It is only the social character of the property that is changed, and loses its class-character

Dit is slegs die sosiale karakter van die eiendom wat verander word en sy klaskarakter verloor

Let us now look at wage-labour

Kom ons kyk nou na loonarbeid

The average price of wage-labour is the minimum wage, i.e., that quantum of the means of subsistence

Die gemiddelde prys van loonarbeid is die minimum loon, dit wil sê daardie hoeveelheid van die bestaansmiddele

this wage is absolutely requisite in bare existence as a labourer

Hierdie loon is absoluut noodsaaklik in die blote bestaan as 'n arbeider

What, therefore, the wage-labourer appropriates by means of his labour, merely suffices to prolong and reproduce a bare existence

Wat die loonarbeider dus deur middel van sy arbeid toeëien, is bloot voldoende om 'n blote bestaan te verleng en voort te plant

We by no means intend to abolish this personal appropriation of the products of labour

Ons is geensins van plan om hierdie persoonlike toe-eiening van die produkte van arbeid af te skaf nie

an appropriation that is made for the maintenance and reproduction of human life

'n toe-eiening wat gemaak word vir die instandhouding en voortplanting van menslike lewe

such personal appropriation of the products of labour leave no surplus wherewith to command the labour of others

sulke persoonlike toe-eiening van die produkte van arbeid laat geen surplus oor waarmee die arbeid van ander beveel kan word nie

All that we want to do away with, is the miserable character of this appropriation

Al waarmee ons wil wegdoen, is die ellendige karakter van hierdie toe-eiening

the appropriation under which the labourer lives merely to increase capital

die toe-eiening waaronder die arbeider leef bloot om kapitaal te vermeerder

he is allowed to live only in so far as the interest of the ruling class requires it

hy word slegs toegelaat om te lewe in soverre die belang van die heersersklas dit vereis

In Bourgeoisie society, living labour is but a means to increase accumulated labour

In die bourgeoisie-samelewing is lewende arbeid slegs 'n manier om opgehoopte arbeid te vermeerder

In Communist society, accumulated labour is but a means to widen, to enrich, to promote the existence of the labourer

In die kommunistiese samelewing is opgehoopte arbeid slegs 'n manier om die bestaan van die arbeider te verbreed, te verryk, te bevorder

In Bourgeoisie society, therefore, the past dominates the present

In die bourgeoisie-samelewing oorheers die verlede dus die hede

in Communist society the present dominates the past

in die kommunistiese samelewing oorheers die hede die verlede

In Bourgeoisie society capital is independent and has individuality

In die bourgeoisie-samelewing is kapitaal onafhanklik en het individualiteit

In Bourgeoisie society the living person is dependent and has no individuality

In die bourgeoisie-samelewing is die lewende persoon afhanklik en het geen individualiteit nie

And the abolition of this state of things is called by the Bourgeoisie, abolition of individuality and freedom!

En die afskaffing van hierdie stand van sake word deur die bourgeoisie die afskaffing van individualiteit en vryheid genoem!

And it is rightly called the abolition of individuality and freedom!

En dit word tereg die afskaffing van individualiteit en vryheid genoem!

Communism aims for the abolition of Bourgeoisie individuality

Kommunisme beoog die afskaffing van die burgerlike individualiteit

Communism intends for the abolition of Bourgeoisie independence

Kommunisme beoog die afskaffing van die onafhanklikheid van die bourgeoisie

Bourgeoisie freedom is undoubtedly what communism is aiming at

Bourgeoisievryheid is ongetwyfeld waarna kommunisme mik

under the present Bourgeoisie conditions of production, freedom means free trade, free selling and buying

onder die huidige bourgeoisie-produksietoestande beteken vryheid vrye handel, vrye verkoop en koop

But if selling and buying disappears, free selling and buying also disappears

Maar as verkoop en koop verdwyn, verdwyn vrye verkoop en koop ook

"brave words" by the Bourgeoisie about free selling and buying only have meaning in a limited sense

"dapper woorde" deur die bourgeoisie oor vrye verkoop en koop het slegs betekenis in 'n beperkte sin

these words have meaning only in contrast with restricted selling and buying

Hierdie woorde het slegs betekenis in teenstelling met beperkte verkoop en koop

and these words have meaning only when applied to the fettered traders of the Middle Ages

en hierdie woorde het slegs betekenis wanneer dit toegepas word op die geboeide handelaars van die Middeleeue

and that assumes these words even have meaning in a Bourgeoisie sense

en dit veronderstel dat hierdie woorde selfs betekenis het in 'n bourgeoisie sin

but these words have no meaning when they're being used to oppose the Communistic abolition of buying and selling

maar hierdie woorde het geen betekenis wanneer dit gebruik word om die kommunistiese afskaffing van koop en verkoop teen te staan nie

the words have no meaning when they're being used to oppose the Bourgeoisie conditions of production being abolished

die woorde het geen betekenis as dit gebruik word om die afskaffing van die produksievoorwaardes van die bourgeoisie teen te staan nie

and they have no meaning when they're being used to oppose the Bourgeoisie itself being abolished

en hulle het geen betekenis wanneer hulle gebruik word om die bourgeoisie self teen te staan nie, wat afgeskaf word

You are horrified at our intending to do away with private property

U is geskok oor ons voorneme om weg te doen met privaat eiendom

But in your existing society, private property is already done away with for nine-tenths of the population

Maar in jou bestaande samelewing word private eiendom reeds weggedoen vir nege tiendes van die bevolking

the existence of private property for the few is solely due to its non-existence in the hands of nine-tenths of the population

Die bestaan van private eiendom vir die min is uitsluitlik te wyte aan die nie-bestaan daarvan in die hande van nege tiendes van die bevolking

You reproach us, therefore, with intending to do away with a form of property

U verwyt ons dus dat ons van plan is om weg te doen met 'n vorm van eiendom

but private property necessitates the non-existence of any property for the immense majority of society

maar private eiendom noodsaak die nie-bestaan van enige eiendom vir die oorgrote meerderheid van die samelewing

In one word, you reproach us with intending to do away with your property

In een woord, jy verwyt ons dat ons van plan is om weg te doen met jou eiendom

And it is precisely so; doing away with your Property is just what we intend

En dit is presies so; om weg te doen met jou eiendom is net wat ons van plan is

From the moment when labour can no longer be converted into capital, money, or rent

Vanaf die oomblik wanneer arbeid nie meer in kapitaal, geld of huur omskep kan word nie

when labour can no longer be converted into a social power capable of being monopolised

wanneer arbeid nie meer omskep kan word in 'n sosiale mag wat gemonopoliseer kan word nie

from the moment when individual property can no longer be transformed into Bourgeoisie property

vanaf die oomblik wanneer individuele eiendom nie meer in bourgeoisie-eiendom omskep kan word nie

from the moment when individual property can no longer be transformed into capital

vanaf die oomblik wanneer individuele eiendom nie meer in kapitaal omskep kan word nie

from that moment, you say individuality vanishes

Van daardie oomblik af sê jy individualiteit verdwyn

You must, therefore, confess that by "individual" you mean no other person than the Bourgeoisie

U moet dus erken dat u met "individueel" geen ander persoon as die bourgeoisie bedoel nie

you must confess it specifically refers to the middle-class owner of property

U moet erken dat dit spesifiek verwys na die middelklas-eienaar van eiendom

This person must, indeed, be swept out of the way, and made impossible

Hierdie persoon moet inderdaad uit die pad gevee word, en onmoontlik gemaak word

Communism deprives no man of the power to appropriate the products of society

Kommunisme ontneem geen mens van die mag om die produkte van die samelewing toe te eien nie

all that Communism does is to deprive him of the power to subjugate the labour of others by means of such appropriation

al wat kommunisme doen, is om hom van die mag te ontneem om die arbeid van ander deur middel van sulke toe-eiening te onderwerp

It has been objected that upon the abolition of private property all work will cease

Daar is beswaar gemaak dat by die afskaffing van private eiendom alle werk sal staak

and it is then suggested that universal laziness will overtake us

en daar word dan voorgestel dat universele luiheid ons sal inhaal

According to this, Bourgeoisie society ought long ago to have gone to the dogs through sheer idleness

Hiervolgens moes die bourgeoisie-samelewing lankal deur pure ledigheid na die honde gegaan het

because those of its members who work, acquire nothing

omdat die lede wat werk, niks verkry nie

and those of its members who acquire anything, do not work

en dié van sy lede wat iets bekom, werk nie

The whole of this objection is but another expression of the tautology

Die hele beswaar is maar nog 'n uitdrukking van die tautologie

there can no longer be any wage-labour when there is no longer any capital

daar kan geen loonarbeid meer wees as daar nie meer kapitaal is nie

there is no difference between material products and mental products

Daar is geen verskil tussen materiële produkte en geestelike produkte nie

communism proposes both of these are produced in the same way

Kommunisme stel voor dat albei op dieselfde manier geproduseer word

but the objections against the Communistic modes of producing these are the same

maar die besware teen die kommunistiese maniere om dit te produseer is dieselfde

to the Bourgeoisie the disappearance of class property is the disappearance of production itself

vir die bourgeoisie is die verdwyning van klasse-eiendom die verdwyning van produksie self

so the disappearance of class culture is to him identical with the disappearance of all culture

dus is die verdwyning van klassekultuur vir hom identies met die verdwyning van alle kultuur

That culture, the loss of which he laments, is for the enormous majority a mere training to act as a machine

Daardie kultuur, waarvan hy die verlies betreur, is vir die oorgrote meerderheid 'n blote opleiding om as 'n masjien op te tree

Communists very much intend to abolish the culture of Bourgeoisie property

Kommuniste is baie van plan om die kultuur van bourgeoisie-eiendom af te skaf

But don't wrangle with us so long as you apply the standard of your Bourgeoisie notions of freedom, culture, law, etc

Maar moenie met ons stry solank jy die standaard van jou bourgeoisie-idees van vryheid, kultuur, wet, ens toepas nie

Your very ideas are but the outgrowth of the conditions of your Bourgeoisie production and Bourgeoisie property

Jou idees is maar net die uitvloeisel van die toestande van jou bourgeoisieproduksie en bourgeoisie-eiendom

just as your jurisprudence is but the will of your class made into a law for all

net soos jou regspraak maar net die wil van jou klas is wat tot 'n wet vir almal gemaak is

the essential character and direction of this will are determined by the economical conditions your social class create

Die wesenlike karakter en rigting van hierdie wil word bepaal deur die ekonomiese toestande wat jou sosiale klas skep

The selfish misconception that induces you to transform social forms into eternal laws of nature and of reason

Die selfsugtige wanopvatting wat jou oorreed om sosiale vorme in ewige natuurwette en rede te omskep

the social forms springing from your present mode of production and form of property

die sosiale vorme wat voortspruit uit jou huidige produksiewyse en vorm van eiendom

historical relations that rise and disappear in the progress of production

historiese verhoudings wat styg en verdwyn in die vordering van produksie

this misconception you share with every ruling class that has preceded you

hierdie wanopvatting deel jy met elke heersersklas wat jou voorafgegaan het

What you see clearly in the case of ancient property, what you admit in the case of feudal property

Wat jy duidelik sien in die geval van antieke eiendom, wat jy erken in die geval van feodale eiendom

these things you are of course forbidden to admit in the case of your own Bourgeoisie form of property

hierdie dinge word u natuurlik verbied om te erken in die geval van u eie bourgeoisie-vorm van eiendom

Abolition of the family! Even the most radical flare up at this infamous proposal of the Communists

Afskaffing van die gesin! Selfs die mees radikale vlam op by hierdie berugte voorstel van die Kommuniste

On what foundation is the present family, the Bourgeoisie family, based?

Op watter grondslag is die huidige familie, die Bourgeoisie-familie, gebaseer?

the foundation of the present family is based on capital and private gain

Die grondslag van die huidige gesin is gebaseer op kapitaal en private gewin

In its completely developed form this family exists only among the Bourgeoisie

In sy volledig ontwikkelde vorm bestaan hierdie familie slegs onder die bourgeoisie

this state of things finds its complement in the practical absence of the family among the proletarians

Hierdie stand van sake vind sy aanvulling in die praktiese afwesigheid van die gesin onder die proletariërs

this state of things can be found in public prostitution

Hierdie stand van sake kan gevind word in openbare prostitusie

The Bourgeoisie family will vanish as a matter of course when its complement vanishes

Die Bourgeoisie-familie sal vanselfsprekend verdwyn wanneer sy komplement verdwyn

and both of these will will vanish with the vanishing of capital

en albei sal verdwyn met die verdwyning van kapitaal

Do you charge us with wanting to stop the exploitation of children by their parents?

Beskuldig u ons daarvan dat ons die uitbuiting van kinders deur hul ouers wil stop?

To this crime we plead guilty

Aan hierdie misdaad pleit ons skuldig

But, you will say, we destroy the most hallowed of relations, when we replace home education by social education

Maar, jy sal sê, ons vernietig die heiligste verhoudings wanneer ons tuisonderwys deur sosiale opvoeding vervang

is your education not also social? And is it not determined by the social conditions under which you educate?

Is jou opvoeding nie ook sosiaal nie? En word dit nie bepaal deur die sosiale omstandighede waaronder jy opvoed nie?

by the intervention, direct or indirect, of society, by means of schools, etc.

deur die ingryping, direk of indirek, van die samelewing, deur middel van skole, ens.

The Communists have not invented the intervention of society in education

Die kommuniste het nie die ingryping van die samelewing in die onderwys uitgevind nie

they do but seek to alter the character of that intervention

hulle poog maar om die karakter van daardie ingryping te verander

and they seek to rescue education from the influence of the ruling class

en hulle poog om onderwys van die invloed van die heersersklas te red

The Bourgeoisie talk of the hallowed co-relation of parent and child

Die bourgeoisie praat van die heilige naverhouding tussen
ouer en kind

**but this clap-trap about the family and education becomes
all the more disgusting when we look at Modern Industry**

maar hierdie klapval oor die gesin en opvoeding word des te
walgliker as ons na die moderne industrie kyk

**all family ties among the proletarians are torn asunder by
modern industry**

Alle familiebande onder die proletariërs word deur die
moderne nywerheid verskeur

**their children are transformed into simple articles of
commerce and instruments of labour**

hul kinders word omskep in eenvoudige handelsartikels en
arbeidsinstrumente

**But you Communists would create a community of women,
screams the whole Bourgeoisie in chorus**

Maar julle kommuniste sou 'n gemeenskap van vroue skep,
skree die hele bourgeoisie in koor

**The Bourgeoisie sees in his wife a mere instrument of
production**

Die bourgeoisie sien in sy vrou 'n blote produksie-instrument

**He hears that the instruments of production are to be
exploited by all**

Hy hoor dat die produksie-instrumente deur almal uitgebuit
moet word

**and, naturally, he can come to no other conclusion than that
the lot of being common to all will likewise fall to women**

en natuurlik kan hy tot geen ander gevolgtrekking kom as dat
die lot om almal gemeenskaplik te wees, eweneens op vroue
sal val nie

**He has not even a suspicion that the real point is to do away
with the status of women as mere instruments of production**

Hy het nie eens 'n vermoede dat die eintlike punt is om weg te
doen met die status van vroue as blote produksie-instrumente
nie

For the rest, nothing is more ridiculous than the virtuous indignation of our Bourgeoisie at the community of women

Vir die res is niks meer belaglik as die deugsame verontwaardiging van ons bourgeoisie oor die gemeenskap van vroue nie

they pretend it is to be openly and officially established by the Communists

hulle gee voor dat dit openlik en amptelik deur die Kommuniste gestig is

The Communists have no need to introduce community of women, it has existed almost from time immemorial

Die Kommuniste het nie nodig om 'n gemeenskap van vroue in te stel nie, dit bestaan amper van ouds af

Our Bourgeoisie are not content with having the wives and daughters of their proletarians at their disposal

Ons bourgeoisie is nie tevrede daarmee om die vrouens en dogters van hul proletariërs tot hul beskikking te hê nie

they take the greatest pleasure in seducing each other's wives

hulle het die grootste plesier daarin om mekaar se vrouens te verlei

and that is not even to speak of common prostitutes

en dit is nie eens om van gewone prostitute te praat nie

Bourgeoisie marriage is in reality a system of wives in common

Bourgeoisie-huwelik is in werklikheid 'n stelsel van vrouens in gemeen

then there is one thing that the Communists might possibly be reproached with

dan is daar een ding waaroor die Kommuniste moontlik verwyt kan word

they desire to introduce an openly legalised community of women

hulle begeer om 'n openlik gewettigde gemeenskap van vroue in te stel

rather than a hypocritically concealed community of women

eerder as 'n skynheilige verborge gemeenskap van vroue
the community of women springing from the system of production
die gemeenskap van vroue wat uit die produksiestelsel ontstaan
abolish the system of production, and you abolish the community of women
skaf die produksiestelsel af, en jy skaf die gemeenskap van vroue af
both public prostitution is abolished, and private prostitution
beide openbare prostitusie word afgeskaf, en private prostitusie
The Communists are further more reproached with desiring to abolish countries and nationality
Die Kommuniste word verder meer verwyt dat hulle lande en nasionaliteit wil afskaf
The working men have no country, so we cannot take from them what they have not got
Die werkers het geen land nie, daarom kan ons nie van hulle neem wat hulle nie het nie
the proletariat must first of all acquire political supremacy
Die proletariaat moet eerstens politieke oppergesag verkry
the proletariat must rise to be the leading class of the nation
die proletariaat moet opstaan om die leidende klas van die nasie te wees
the proletariat must constitute itself the nation
die proletariaat moet homself as die nasie konstitueer
it is, so far, itself national, though not in the Bourgeoisie sense of the word
dit is tot dusver self nasionaal, hoewel nie in die bourgeoisie sin van die woord nie
National differences and antagonisms between peoples are daily more and more vanishing
Nasionale verskille en antagonismes tussen volke verdwyn daagliks meer en meer

owing to the development of the Bourgeoisie, to freedom of commerce, to the world-market

as gevolg van die ontwikkeling van die bourgeoisie, tot vryheid van handel, tot die wêreldmark

to uniformity in the mode of production and in the conditions of life corresponding thereto

tot eenvormigheid in die produksiewyse en in die lewensomstandighede wat daarmee ooreenstem

The supremacy of the proletariat will cause them to vanish still faster

Die oppergesag van die proletariaat sal veroorsaak dat hulle nog vinniger verdwyn

United action, of the leading civilised countries at least, is one of the first conditions for the emancipation of the proletariat

Verenigde optrede, ten minste van die voorste beskaafde lande, is een van die eerste voorwaardes vir die emansipasie van die proletariaat

In proportion as the exploitation of one individual by another is put an end to, the exploitation of one nation by another will also be put an end to

In verhouding tot die uitbuiting van een individu deur 'n ander 'n einde gemaak word, sal die uitbuiting van een nasie deur 'n ander ook 'n einde gemaak word aan

In proportion as the antagonism between classes within the nation vanishes, the hostility of one nation to another will come to an end

In mate die antagonisme tussen klasse binne die nasie verdwyn, sal die vyandigheid van een nasie teenoor 'n ander tot 'n einde kom

The charges against Communism made from a religious, a philosophical, and, generally, from an ideological standpoint, are not deserving of serious examination

Die aanklagte teen kommunisme wat vanuit 'n godsdienstige, filosofiese en oor die algemeen vanuit 'n ideologiese oogpunt gemaak word, verdien nie ernstige ondersoek nie

Does it require deep intuition to comprehend that man's ideas, views and conceptions changes with every change in the conditions of his material existence?

Vereis dit diep intuïsie om te begryp dat die mens se idees, sienings en opvattings verander met elke verandering in die toestande van sy materiële bestaan?

is it not obvious that man's consciousness changes when his social relations and his social life changes?

Is dit nie duidelik dat die mens se bewussyn verander wanneer sy sosiale verhoudings en sy sosiale lewe verander nie?

What else does the history of ideas prove, than that intellectual production changes its character in proportion as material production is changed?

Wat anders bewys die geskiedenis van idees as dat intellektuele produksie sy karakter verander in verhouding tot materiële produksie verander?

The ruling ideas of each age have ever been the ideas of its ruling class

Die heersende idees van elke era was nog altyd die idees van sy heersersklas

When people speak of ideas that revolutionise society, they do but express one fact

Wanneer mense praat van idees wat 'n rewolusie in die samelewing maak, spreek hulle net een feit uit

within the old society, the elements of a new one have been created

Binne die ou samelewing is die elemente van 'n nuwe een geskep

and that the dissolution of the old ideas keeps even pace with the dissolution of the old conditions of existence

en dat die ontbinding van die ou idees ewe tred hou met die ontbinding van die ou bestaansvoorwaardes

When the ancient world was in its last throes, the ancient religions were overcome by Christianity

Toe die antieke wêreld in sy laaste weë was, is die antieke godsdienste deur die Christendom oorwin

When Christian ideas succumbed in the 18th century to rationalist ideas, feudal society fought its death battle with the then revolutionary Bourgeoisie

Toe Christelike idees in die 18de eeu voor rasionalistiese idees beswyk het, het die feodale samelewing sy doodstryd met die destydse revolusionêre bourgeoisie gevoer

The ideas of religious liberty and freedom of conscience merely gave expression to the sway of free competition within the domain of knowledge

Die idees van godsdiensvryheid en gewetensvryheid het bloot uitdrukking gegee aan die heerskappy van vrye mededinging binne die domein van kennis

"Undoubtedly," it will be said, "religious, moral, philosophical and juridical ideas have been modified in the course of historical development"

"Ongetwyfeld," sal gesê word, "is godsdienstige, morele, filosofiese en juridiese idees in die loop van historiese ontwikkeling verander"

"But religion, morality philosophy, political science, and law, constantly survived this change"

"Maar godsdiens, moraliteitsfilosofie, politieke wetenskap en reg het hierdie verandering voortdurend oorleef"

"There are also eternal truths, such as Freedom, Justice, etc"

"Daar is ook ewige waarhede, soos vryheid, geregtigheid, ens."

"these eternal truths are common to all states of society"

"Hierdie ewige waarhede is algemeen vir alle state van die samelewing"

"But Communism abolishes eternal truths, it abolishes all religion, and all morality"

"Maar kommunisme skaf ewige waarhede af, dit skaf alle godsdiens en alle moraliteit af"

"it does this instead of constituting them on a new basis"

"Dit doen dit in plaas daarvan om hulle op 'n nuwe basis te konstitueer"

"it therefore acts in contradiction to all past historical experience"

"dit tree dus in stryd met alle historiese ervaring uit die verlede op"

What does this accusation reduce itself to?

Waartoe verminder hierdie beskuldiging homself?

The history of all past society has consisted in the development of class antagonisms

Die geskiedenis van die hele vorige samelewing het bestaan uit die ontwikkeling van klasse-antagonismes

antagonisms that assumed different forms at different epochs

antagonismes wat verskillende vorme in verskillende tydperke aangeneem het

But whatever form they may have taken, one fact is common to all past ages

Maar watter vorm hulle ook al aangeneem het, een feit is algemeen vir alle vorige eeue

the exploitation of one part of society by the other

die uitbuiting van die een deel van die samelewing deur die ander

No wonder, then, that the social consciousness of past ages moves within certain common forms, or general ideas

Geen wonder dus dat die sosiale bewussyn van vorige eeue binne sekere algemene vorme of algemene idees beweeg nie

(and that is despite all the multiplicity and variety it displays)

(en dit is ten spyte van al die veelheid en verskeidenheid wat dit vertoon)

and these cannot completely vanish except with the total disappearance of class antagonisms

en dit kan nie heeltemal verdwyn nie, behalwe met die totale verdwyning van klasse-antagonismes

The Communist revolution is the most radical rupture with traditional property relations

Die kommunistiese rewolusie is die mees radikale breuk met tradisionele eiendomsverhoudinge

no wonder that its development involves the most radical rupture with traditional ideas

Geen wonder dat die ontwikkeling daarvan die mees radikale breuk met tradisionele idees behels nie

But let us have done with the Bourgeoisie objections to Communism

Maar laat ons klaar wees met die bourgeoisie se besware teen kommunisme

We have seen above the first step in the revolution by the working class

Ons het hierbo die eerste stap in die rewolusie deur die werkersklas gesien

proletariat has to be raised to the position of ruling, to win the battle of democracy

Proletariaat moet tot die posisie van regerende verhef word om die stryd van demokrasie te wen

The proletariat will use its political supremacy to wrest, by degrees, all capital from the Bourgeoisie

Die proletariaat sal sy politieke oppergesag gebruik om geleidelik alle kapitaal van die bourgeoisie af te ruk

it will centralise all instruments of production in the hands of the State

dit sal alle produksie-instrumente in die hande van die staat sentraliseer

in other words, the proletariat organised as the ruling class

Met ander woorde, die proletariaat het as die heersersklas georganiseer

and it will increase the total of productive forces as rapidly as possible

en dit sal die totaal van produktiewe kragte so vinnig as moontlik verhoog

Of course, in the beginning, this cannot be effected except by means of despotic inroads on the rights of property

Natuurlik kan dit in die begin nie bewerkstellig word nie, behalwe deur middel van despotiese inbreuk op die eiendomsreg

and it has to be achieved on the conditions of Bourgeoisie production

en dit moet bereik word op die voorwaardes van bourgeoisieproduksie

it is achieved by means of measures, therefore, which appear economically insufficient and untenable

Dit word dus bereik deur middel van maatreëls wat ekonomies onvoldoende en onhoudbaar lyk

but these means, in the course of the movement, outstrip themselves

maar hierdie middele, in die loop van die beweging, oortref hulself

they necessitate further inroads upon the old social order

dit noodsaak verdere inbreuk op die ou sosiale orde

and they are unavoidable as a means of entirely revolutionising the mode of production

en hulle is onvermydelik as 'n manier om die produksiewyse heeltemal te revolusioneer

These measures will of course be different in different countries

Hierdie maatreëls sal natuurlik in verskillende lande verskil

Nevertheless in the most advanced countries, the following will be pretty generally applicable

Nietemin sal die volgende in die mees gevorderde lande redelik algemeen van toepassing wees

1. Abolition of property in land and application of all rents of land to public purposes.

1. Afskaffing van eiendom in grond en toepassing van alle huurgeld van grond vir openbare doeleindes.

2. A heavy progressive or graduated income tax.

2. 'n Swaar progressiewe of gegradueerde inkomstebelasting.

3. Abolition of all right of inheritance.

3. Afskaffing van alle erfreg.

4. Confiscation of the property of all emigrants and rebels.

4. Konfiskering van die eiendom van alle emigrante en rebelle.

5. Centralisation of credit in the hands of the State, by means of a national bank with State capital and an exclusive monopoly.

5. Sentralisering van krediet in die hande van die staat, deur middel van 'n nasionale bank met staatskapitaal en 'n eksklusiewe monopolie.

6. Centralisation of the means of communication and transport in the hands of the State.

6. Sentralisering van die kommunikasie- en vervoermiddele in die hande van die staat.

7. Extension of factories and instruments of production owned by the State

7. Uitbreiding van fabrieke en produksie-instrumente wat deur die staat besit word

the bringing into cultivation of waste-lands, and the improvement of the soil generally in accordance with a common plan.

die bebouing van woestenye en die verbetering van die grond in die algemeen in ooreenstemming met 'n gemeenskaplike plan.

8. Equal liability of all to labour

8. Gelyke aanspreeklikheid van almal teenoor arbeid

Establishment of industrial armies, especially for agriculture.

Vestiging van industriële leërs, veral vir landbou.

9. Combination of agriculture with manufacturing industries

9. Kombinasie van landbou met vervaardigingsbedrywe

gradual abolition of the distinction between town and country, by a more equable distribution of the population over the country.

geleidelike afskaffing van die onderskeid tussen stad en land, deur 'n meer gelyke verspreiding van die bevolking oor die land.

10. Free education for all children in public schools.

10. Gratis onderwys vir alle kinders in openbare skole.

Abolition of children's factory labour in its present form

Afskaffing van kinderfabrieksarbeid in sy huidige vorm

Combination of education with industrial production

Kombinasie van onderwys met industriële produksie

When, in the course of development, class distinctions have disappeared

Wanneer klasseverskille in die loop van die ontwikkeling verdwyn het

and when all production has been concentrated in the hands of a vast association of the whole nation

en wanneer alle produksie in die hande van 'n groot vereniging van die hele nasie gekonsentreer is

then the public power will lose its political character

dan sal die openbare mag sy politieke karakter verloor

Political power, properly so called, is merely the organised power of one class for oppressing another

Politieke mag, behoorlik so genoem, is bloot die georganiseerde mag van een klas om 'n ander te onderdruk

If the proletariat during its contest with the Bourgeoisie is compelled, by the force of circumstances, to organise itself as a class

As die proletariaat tydens sy stryd met die bourgeoisie deur die krag van omstandighede gedwing word om homself as 'n klas te organiseer

if, by means of a revolution, it makes itself the ruling class

as dit homself deur middel van 'n rewolusie die heerseraklas maak

and, as such, it sweeps away by force the old conditions of production

en as sodanig vee dit die ou produksietoestande met geweld weg

then it will, along with these conditions, have swept away the conditions for the existence of class antagonisms and of classes generally

dan sal dit, saam met hierdie toestande, die voorwaardes vir die bestaan van klasse-antagonismes en van klasse in die algemeen weggevee het

and will thereby have abolished its own supremacy as a class.

en daardeur sy eie oppergesag as 'n klas afgeskaf het.

In place of the old Bourgeoisie society, with its classes and class antagonisms, we shall have an association

In die plek van die ou bourgeoisie-samelewing, met sy klasse en klasse-antagonismes, sal ons 'n assosiasie hê

an association in which the free development of each is the condition for the free development of all

'n vereniging waarin die vrye ontwikkeling van elkeen die voorwaarde is vir die vrye ontwikkeling van almal

1) Reactionary Socialism
1) Reaksionêre sosialisme

a) Feudal Socialism
a) Feodale sosialisme

the aristocracies of France and England had a unique historical position
die aristokrasieë van Frankryk en Engeland het 'n unieke historiese posisie gehad

it became their vocation to write pamphlets against modern Bourgeoisie society
dit het hul roeping geword om pamflette teen die moderne bourgeoisie-samelewing te skryf

In the French revolution of July 1830, and in the English reform agitation
In die Franse rewolusie van Julie 1830, en in die Engelse hervormingsegitasie

these aristocracies again succumbed to the hateful upstart
Hierdie aristokrasieë het weer voor die haatlike opkoms geswig

Thenceforth, a serious political contest was altogether out of the question
Van toe af was 'n ernstige politieke wedstryd heeltemal buite die kwessie

All that remained possible was literary battle, not an actual battle
Al wat moontlik gebly het, was literêre stryd, nie 'n werklike stryd nie

But even in the domain of literature the old cries of the restoration period had become impossible
Maar selfs op die gebied van literatuur het die ou krete van die hersteltydperk onmoontlik geword

In order to arouse sympathy, the aristocracy were obliged to lose sight, apparently, of their own interests

Om simpatie te wek, was die aristokrasie verplig om blykbaar hul eie belange uit die oog te verloor

and they were obliged to formulate their indictment against the Bourgeoisie in the interest of the exploited working class

en hulle was verplig om hul aanklag teen die bourgeoisie te formuleer in belang van die uitgebuite werkersklas

Thus the aristocracy took their revenge by singing lampoons on their new master

So het die aristokrasie wraak geneem deur beledigings op hul nuwe meester te sing

and they took their revenge by whispering in his ears sinister prophecies of coming catastrophe

en hulle het wraak geneem deur sinistere profesieë van komende rampspoed in sy ore te fluister

In this way arose Feudal Socialism: half lamentation, half lampoon

Op hierdie manier het Feodale sosialisme ontstaan: half klaaglied, half bespotting

it rung as half echo of the past, and projected half menace of the future

dit het weerklink as 'n halwe eggo van die verlede en 'n halwe bedreiging van die toekoms geprojekteer

at times, by its bitter, witty and incisive criticism, it struck the Bourgeoisie to the very heart's core

soms, deur sy bitter, geestige en skerp kritiek, het dit die bourgeoisie tot in die hart se kern getref

but it was always ludicrous in its effect, through total incapacity to comprehend the march of modern history

maar dit was altyd belaglik in sy effek, deur totale onvermoë om die opmars van die moderne geskiedenis te begryp

The aristocracy, in order to rally the people to them, waved the proletarian alms-bag in front for a banner

Om die volk by hulle te versamel, het die aristokrasie die proletariese aalmoessak voor 'n banier geswaai

But the people, so often as it joined them, saw on their hindquarters the old feudal coats of arms

Maar die mense, so dikwels as wat dit by hulle aangesluit het,
het op hul agterkwart die ou feodale wapens gesien
and they deserted with loud and irreverent laughter
en hulle het met harde en oneerbiedige gelag verlaat
One section of the French Legitimists and "Young England"
exhibited this spectacle
Een deel van die Franse Legitimiste en "Jong Engeland" het
hierdie skouspel vertoon
the feudalists pointed out that their mode of exploitation
was different to that of the Bourgeoisie
die feodaliste het daarop gewys dat hul manier van uitbuiting
anders was as dié van die bourgeoisie
the feudalists forget that they exploited under circumstances
and conditions that were quite different
Die feodaliste vergeet dat hulle uitgebuit het onder
omstandighede en omstandighede wat heeltemal anders was
and they didn't notice such methods of exploitation are now
antiquated
en hulle het nie opgemerk dat sulke metodes van uitbuiting
nou verouderd is nie
they showed that, under their rule, the modern proletariat
never existed
Hulle het getoon dat die moderne proletariaat onder hul
heerskappy nooit bestaan het nie
but they forget that the modern Bourgeoisie is the necessary
offspring of their own form of society
maar hulle vergeet dat die moderne bourgeoisie die
noodsaaklike nageslag van hul eie samelewingsvorm is
For the rest, they hardly conceal the reactionary character of
their criticism
Vir die res verberg hulle skaars die reaksionêre karakter van
hul kritiek
their chief accusation against the Bourgeoisie amounts to the
following
hul hoofbeskuldiging teen die bourgeoisie kom neer op die
volgende

under the Bourgeoisie regime a social class is being developed

onder die bourgeoisie-regime word 'n sosiale klas ontwikkel

this social class is destined to cut up root and branch the old order of society

Hierdie sosiale klas is bestem om die ou orde van die samelewing wortel te sny en te vertak

What they upbraid the Bourgeoisie with is not so much that it creates a proletariat

Waarmee hulle die bourgeoisie verwyt, is nie soseer dat dit 'n proletariaat skep nie

what they upbraid the Bourgeoisie with is moreso that it creates a revolutionary proletariat

waarmee hulle die bourgeoisie verwyt, is meer dat dit 'n revolusionêre proletariaat skep

In political practice, therefore, they join in all coercive measures against the working class

In die politieke praktyk neem hulle dus deel aan alle dwangmaatreëls teen die werkersklas

and in ordinary life, despite their highfalutin phrases, they stoop to pick up the golden apples dropped from the tree of industry

en in die gewone lewe, ten spyte van hul hoogstaande frases, buk hulle om die goue appels op te tel wat van die boom van die nywerheid geval het

and they barter truth, love, and honour for commerce in wool, beetroot-sugar, and potato spirits

en hulle verruil waarheid, liefde en eer vir handel in wol, beetsuiker en aartappelgeeste

As the parson has ever gone hand in hand with the landlord, so has Clerical Socialism with Feudal Socialism

Soos die dominee nog altyd hand aan hand gegaan het met die grondeienaar, so het geestelike sosialisme met feodale sosialisme gegaan

Nothing is easier than to give Christian asceticism a Socialist tinge

Niks is makliker as om Christelike asketisme 'n sosialistiese tint te gee nie

Has not Christianity declaimed against private property, against marriage, against the State?

Het die Christendom nie teen privaat eiendom, teen die huwelik, teen die staat verklaar nie?

Has Christianity not preached in the place of these, charity and poverty?

Het die Christendom nie in die plek hiervan gepreek nie, liefdadigheid en armoede?

Does Christianity not preach celibacy and mortification of the flesh, monastic life and Mother Church?

Verkondig die Christendom nie selibaat en versterwing van die vlees, kloosterlewe en Moederkerk nie?

Christian Socialism is but the holy water with which the priest consecrates the heart-burnings of the aristocrat

Christelike sosialisme is maar net die heilige water waarmee die priester die hartbrande van die aristokraat inwy

b) Petty-Bourgeois Socialism
b) Kleinburgerlike sosialisme

The feudal aristocracy was not the only class that was ruined by the Bourgeoisie
Die feodale aristokrasie was nie die enigste klas wat deur die bourgeoisie geruïneer is nie
it was not the only class whose conditions of existence pined and perished in the atmosphere of modern Bourgeoisie society
dit was nie die enigste klas wie se bestaansomstandighede in die atmosfeer van die moderne bourgeoisie-samelewing vergaan het nie
The medieval burgesses and the small peasant proprietors were the precursors of the modern Bourgeoisie
Die Middeleeuse burgers en die klein boere-eienaars was die voorlopers van die moderne bourgeoisie
In those countries which are but little developed, industrially and commercially, these two classes still vegetate side by side
In lande wat industrieel en kommersieel maar min ontwikkel is, vegeteer hierdie twee klasse steeds langs mekaar
and in the meantime the Bourgeoisie rise up next to them: industrially, commercially, and politically
en intussen staan die bourgeoisie langs hulle op: industrieel, kommersieel en polities
In countries where modern civilisation has become fully developed, a new class of petty Bourgeoisie has been formed
In lande waar die moderne beskawing ten volle ontwikkel is, is 'n nuwe klas kleinburgery gevorm
this new social class fluctuates between proletariat and Bourgeoisie
hierdie nuwe sosiale klas wissel tussen proletariaat en bourgeoisie
and it is ever renewing itself as a supplementary part of Bourgeoisie society

en dit vernuwe homself altyd as 'n aanvullende deel van die bourgeoisie-samelewing

The individual members of this class, however, are being constantly hurled down into the proletariat

Die individuele lede van hierdie klas word egter voortdurend in die proletariaat neergeslinger

they are sucked up by the proletariat through the action of competition

hulle word deur die proletariaat deur die aksie van mededinging opgesuig

as modern industry develops they even see the moment approaching when they will completely disappear as an independent section of modern society

Namate die moderne nywerheid ontwikkel, sien hulle selfs die oomblik nader kom wanneer hulle heeltemal sal verdwyn as 'n onafhanklike deel van die moderne samelewing

they will be replaced, in manufactures, agriculture and commerce, by overlookers, bailiffs and shopmen

hulle sal in vervaardigings, landbou en handel vervang word deur opsieners, balju en winkeliers

In countries like France, where the peasants constitute far more than half of the population

In lande soos Frankryk, waar die boere veel meer as die helfte van die bevolking uitmaak

it was natural that there there are writers who sided with the proletariat against the Bourgeoisie

dit was natuurlik dat daar skrywers is wat hulle aan die kant van die proletariaat teen die bourgeoisie geskaar het

in their criticism of the Bourgeoisie regime they used the standard of the peasant and petty Bourgeoisie

in hul kritiek op die bourgeoisie-regime het hulle die standaard van die boere- en kleinbourgeoisie gebruik

and from the standpoint of these intermediate classes they take up the cudgels for the working class

en vanuit die oogpunt van hierdie intermediêre klasse neem hulle die knuppels vir die werkersklas op

Thus arose petty-Bourgeoisie Socialism, of which Sismondi was the head of this school, not only in France but also in England

So het die kleinburgerlike sosialisme, waarvan Sismondi die hoof van hierdie skool was, nie net in Frankryk nie, maar ook in Engeland ontstaan

This school of Socialism dissected with great acuteness the contradictions in the conditions of modern production

Hierdie skool van sosialisme het die teenstrydighede in die toestande van moderne produksie met groot skerpte ontleed

This school laid bare the hypocritical apologies of economists

Hierdie skool het die skynheilige verskonings van ekonome blootgelê

This school proved, incontrovertibly, the disastrous effects of machinery and division of labour

Hierdie skool het onbetwisbaar die rampspoedige gevolge van masjinerie en arbeidsverdeling bewys

it proved the concentration of capital and land in a few hands

Dit het die konsentrasie van kapitaal en grond in 'n paar hande bewys

it proved how overproduction leads to Bourgeoisie crises

dit het bewys hoe oorproduksie tot bourgeoisiekrisisse lei

it pointed out the inevitable ruin of the petty Bourgeoisie and peasant

dit het gewys op die onvermydelike ondergang van die kleinbourgeoisie en

the misery of the proletariat, the anarchy in production, the crying inequalities in the distribution of wealth

die ellende van die proletariaat, die anargie in produksie, die skreeuende ongelykhede in die verspreiding van rykdom

it showed how the system of production leads the industrial war of extermination between nations

Dit het gewys hoe die produksiestelsel die industriële oorlog van uitwissing tussen nasies lei

the dissolution of old moral bonds, of the old family relations, of the old nationalities

die ontbinding van ou morele bande, van die ou familieverhoudinge, van die ou nasionaliteite

In its positive aims, however, this form of Socialism aspires to achieve one of two things

In sy positiewe doelwitte streef hierdie vorm van sosialisme egter daarna om een van twee dinge te bereik

either it aims to restore the old means of production and of exchange

óf dit het ten doel om die ou produksie- en ruilmiddele te herstel

and with the old means of production it would restore the old property relations, and the old society

en met die ou produksiemiddele sou dit die ou eiendomsverhoudinge en die ou samelewing herstel

or it aims to cramp the modern means of production and exchange into the old framework of the property relations

of dit het ten doel om die moderne produksie- en ruilmiddele in die ou raamwerk van die eiendomsverhoudinge te betrek

In either case, it is both reactionary and Utopian

In beide gevalle is dit beide reaksionêr en utopies

Its last words are: corporate guilds for manufacture, patriarchal relations in agriculture

Sy laaste woorde is: korporatiewe gildes vir vervaardiging, patriargale verhoudings in die landbou

Ultimately, when stubborn historical facts had dispersed all intoxicating effects of self-deception

Uiteindelik, toe hardnekkige historiese feite alle bedwelmende gevolge van selfbedrog versprei het

this form of Socialism ended in a miserable fit of pity

hierdie vorm van sosialisme het geëindig in 'n ellendige vlaag van jammerte

c) German, or "True," Socialism
c) Duitse, of "ware", sosialisme

The Socialist and Communist literature of France originated under the pressure of a Bourgeoisie in power
Die sosialistiese en kommunistiese literatuur van Frankryk het ontstaan onder die druk van 'n bourgeoisie aan bewind
and this literature was the expression of the struggle against this power
en hierdie literatuur was die uitdrukking van die stryd teen hierdie mag
it was introduced into Germany at a time when the Bourgeoisie had just begun its contest with feudal absolutism
dit is in Duitsland ingebring in 'n tyd toe die bourgeoisie pas sy stryd met feodale absolutisme begin het
German philosophers, would-be philosophers, and beaux esprits, eagerly seized on this literature
Duitse filosowe, voornemende filosowe en beaux esprits, het hierdie literatuur gretig aangegryp
but they forgot that the writings immigrated from France into Germany without bringing the French social conditions along
maar hulle het vergeet dat die geskrifte van Frankryk na Duitsland geïmmigreer het sonder om die Franse sosiale toestande saam te bring
In contact with German social conditions, this French literature lost all its immediate practical significance
In kontak met Duitse sosiale toestande het hierdie Franse literatuur al sy onmiddellike praktiese betekenis verloor
and the Communist literature of France assumed a purely literary aspect in German academic circles
en die kommunistiese literatuur van Frankryk het 'n suiwer literêre aspek in Duitse akademiese kringe aangeneem
Thus, the demands of the first French Revolution were nothing more than the demands of "Practical Reason"

Die eise van die eerste Franse rewolusie was dus niks anders as die eise van "Praktiese Rede" nie

and the utterance of the will of the revolutionary French Bourgeoisie signified in their eyes the law of pure Will

en die uiting van die wil van die revolusionêre Franse bourgeoisie het in hulle oë die wet van suiwer wil aangedui

it signified Will as it was bound to be; of true human Will generally

dit het Wil aangedui soos dit verplig was om te wees; van ware menslike wil oor die algemeen

The world of the German literati consisted solely in bringing the new French ideas into harmony with their ancient philosophical conscience

Die wêreld van die Duitse literatuur het uitsluitlik daarin bestaan om die nuwe Franse idees in harmonie te bring met hul antieke filosofiese gewete

or rather, they annexed the French ideas without deserting their own philosophic point of view

of eerder, hulle het die Franse idees geannekseer sonder om hul eie filosofiese standpunt te laat vaar

This annexation took place in the same way in which a foreign language is appropriated, namely, by translation

Hierdie anneksasie het plaasgevind op dieselfde manier as wat 'n vreemde taal toegeëien word, naamlik deur vertaling

It is well known how the monks wrote silly lives of Catholic Saints over manuscripts

Dit is welbekend hoe die monnike simpel lewens van Katolieke Heiliges oor manuskripte geskryf het

the manuscripts on which the classical works of ancient heathendom had been written

Die manuskripte waarop die klassieke werke van antieke Heathendom geskryf is

The German literati reversed this process with the profane French literature

Die Duitse literatuur het hierdie proses omgekeer met die profane Franse literatuur

They wrote their philosophical nonsense beneath the French original
Hulle het hul filosofiese nonsens onder die Franse oorspronklike geskryf

For instance, beneath the French criticism of the economic functions of money, they wrote "Alienation of Humanity"
Onder die Franse kritiek op die ekonomiese funksies van geld het hulle byvoorbeeld "Vervreemding van die mensdom" geskryf

beneath the French criticism of the Bourgeoisie State they wrote "dethronement of the Category of the General"
onder die Franse kritiek op die bourgeoisiestaat het hulle geskryf "onttrooning van die kategorie van die generaal"

The introduction of these philosophical phrases at the back of the French historical criticisms they dubbed:
Die bekendstelling van hierdie filosofiese frases agter in die Franse historiese kritiek wat hulle genoem het:

"Philosophy of Action," "True Socialism," "German Science of Socialism," "Philosophical Foundation of Socialism," and so on
"Filosofie van aksie", "Ware sosialisme", "Duitse wetenskap van sosialisme", "Filosofiese grondslag van sosialisme," ensovoorts

The French Socialist and Communist literature was thus completely emasculated
Die Franse sosialistiese en kommunistiese literatuur is dus heeltemal ontman

in the hands of the German philosophers it ceased to express the struggle of one class with the other
in die hande van die Duitse filosowe het dit opgehou om die stryd van die een klas met die ander uit te druk

and so the German philosophers felt conscious of having overcome "French one-sidedness"
en so het die Duitse filosowe bewus gevoel dat hulle "Franse eensydigheid" oorkom het

it did not have to represent true requirements, rather, it represented requirements of truth

dit hoef nie ware vereistes voor te stel nie, maar eerder vereistes van waarheid

there was no interest in the proletariat, rather, there was interest in Human Nature

daar was geen belangstelling in die proletariaat nie, maar eerder belangstelling in die menslike natuur

the interest was in Man in general, who belongs to no class, and has no reality

die belangstelling was in die mens in die algemeen, wat aan geen klas behoort nie, en geen werklikheid het nie

a man who exists only in the misty realm of philosophical fantasy

'n Man wat slegs in die mistige ryk van filosofiese fantasie bestaan

but eventually this schoolboy German Socialism also lost its pedantic innocence

maar uiteindelik het hierdie skoolseun Duitse sosialisme ook sy pedantiese onskuld verloor

the German Bourgeoisie, and especially the Prussian Bourgeoisie fought against feudal aristocracy

die Duitse bourgeoisie, en veral die Pruisiese bourgeoisie, het teen feodale aristokrasie geveg

the absolute monarchy of Germany and Prussia was also being faught against

die absolute monargie van Duitsland en Pruise is ook gebuk teen

and in turn, the literature of the liberal movement also became more earnest

en op sy beurt het die literatuur van die liberale beweging ook ernstiger geword

Germany's long wished-for opportunity for "true" Socialism was offered

Duitsland se lang verlangde geleentheid vir "ware" sosialisme is aangebied

the opportunity of confronting the political movement with the Socialist demands
die geleentheid om die politieke beweging met die sosialistiese eise te konfronteer
the opportunity of hurling the traditional anathemas against liberalism
die geleentheid om die tradisionele anathemas teen liberalisme te gooi
the opportunity to attack representative government and Bourgeoisie competition
die geleentheid om verteenwoordigende regering en bourgeoisie-mededinging aan te val
Bourgeoisie freedom of the press, Bourgeoisie legislation, Bourgeoisie liberty and equality
Bourgeoisie persvryheid, Bourgeoisie wetgewing, Bourgeoisie vryheid en gelykheid
all of these could now be critiqued in the real world, rather than in fantasy
Al hierdie kan nou in die regte wêreld gekritiseer word, eerder as in fantasie
feudal aristocracy and absolute monarchy had long preached to the masses
Feodale aristokrasie en absolute monargie het lankal aan die massas gepreek
"the working man has nothing to lose, and he has everything to gain"
"Die werkende man het niks om te verloor nie, en hy het alles om te wen"
the Bourgeoisie movement also offered a chance to confront these platitudes
die Bourgeoisie-beweging het ook 'n kans gebied om hierdie platitudes te konfronteer
the French criticism presupposed the existence of modern Bourgeoisie society
die Franse kritiek het die bestaan van die moderne bourgeoisie-samelewing veronderstel

Bourgeoisie economic conditions of existence and Bourgeoisie political constitution

Bourgeoisie ekonomiese bestaansvoorwaardes en Bourgeoisie politieke grondwet

the very things whose attainment was the object of the pending struggle in Germany

die einste dinge waarvan die bereiking die voorwerp van die hangende stryd in Duitsland was

Germany's silly echo of socialism abandoned these goals just in the nick of time

Duitsland se simpel eggo van sosialisme het hierdie doelwitte net op die nippertjie laat vaar

the absolute governments had their following of parsons, professors, country squires and officials

Die absolute regerings het hul aanhang van predikante, professore, plattelandse wapendraers en amptenare gehad

the government of the time met the German working-class risings with floggings and bullets

die destydse regering het die Duitse werkersklas-opstande met geseling en koeëls tegemoet gekom

for them this socialism served as a welcome scarecrow against the threatening Bourgeoisie

vir hulle het hierdie sosialisme gedien as 'n welkome voëlverskrikker teen die dreigende bourgeoisie

and the German government was able to offer a sweet dessert after the bitter pills it handed out

en die Duitse regering kon 'n soet nagereg aanbied na die bitter pille wat hy uitgedeel het

this "True" Socialism thus served the governments as a weapon for fighting the German Bourgeoisie

hierdie "ware" sosialisme het dus die regerings gedien as 'n wapen om die Duitse bourgeoisie te beveg

and, at the same time, it directly represented a reactionary interest; that of the German Philistines

en terselfdertyd verteenwoordig dit direk 'n reaksionêre belang; dié van die Duitse Filistyne

In Germany the petty Bourgeoisie class is the real social basis of the existing state of things

In Duitsland is die kleinburgerlike klas die werklike sosiale basis van die bestaande stand van sake

a relique of the sixteenth century that has constantly been cropping up under various forms

'n oorblyfsel van die sestiende eeu wat voortdurend onder verskillende vorme opgeduik het

To preserve this class is to preserve the existing state of things in Germany

Om hierdie klas te bewaar, is om die bestaande stand van sake in Duitsland te bewaar

The industrial and political supremacy of the Bourgeoisie threatens the petty Bourgeoisie with certain destruction

Die industriële en politieke oppergesag van die bourgeoisie bedreig die kleinburgery met sekere vernietiging

on the one hand, it threatens to destroy the petty Bourgeoisie through the concentration of capital

aan die een kant dreig dit om die kleinburgery te vernietig deur die konsentrasie van kapitaal

on the other hand, the Bourgeoisie threatens to destroy it through the rise of a revolutionary proletariat

aan die ander kant dreig die bourgeoisie om dit te vernietig deur die opkoms van 'n revolusionêre proletariaat

"True" Socialism appeared to kill these two birds with one stone. It spread like an epidemic

Dit lyk asof die "ware" sosialisme hierdie twee voëls in een klap doodmaak. Dit het soos 'n epidemie versprei

The robe of speculative cobwebs, embroidered with flowers of rhetoric, steeped in the dew of sickly sentiment

Die kleed van spekulatiewe spinnerakke, geborduurd met blomme van retoriek, deurdrenk van die dou van sieklike sentiment

this transcendental robe in which the German Socialists wrapped their sorry "eternal truths"

hierdie transendentale kleed waarin die Duitse sosialiste hul jammerlike "ewige waarhede" toegedraai het

all skin and bone, served to wonderfully increase the sale of their goods amongst such a public

alle vel en been, het gedien om die verkoop van hul goedere onder so 'n publiek wonderlik te verhoog

And on its part, German Socialism recognised, more and more, its own calling

En op sy beurt het die Duitse sosialisme meer en meer sy eie roeping erken

it was called to be the bombastic representative of the petty-Bourgeoisie Philistine

dit is geroep om die bombastiese verteenwoordiger van die kleinburgerlike Filistyn te wees

It proclaimed the German nation to be the model nation, and German petty Philistine the model man

Dit het die Duitse nasie as die modelnasie verklaar, en die Duitse klein Filistyn die modelman

To every villainous meanness of this model man it gave a hidden, higher, Socialistic interpretation

Aan elke skurkagtige gemeenheid van hierdie modelman het dit 'n verborge, hoër, sosialistiese interpretasie gegee

this higher, Socialistic interpretation was the exact contrary of its real character

hierdie hoër, sosialistiese interpretasie was presies die teenoorgestelde van sy werklike karakter

It went to the extreme length of directly opposing the "brutally destructive" tendency of Communism

Dit het tot die uiterste gegaan om die "wreed vernietigende" neiging van kommunisme direk teen te staan

and it proclaimed its supreme and impartial contempt of all class struggles

en dit het sy hoogste en onpartydige minagting van alle klassestryd verkondig

With very few exceptions, all the so-called Socialist and Communist publications that now (1847) circulate in

Germany belong to the domain of this foul and enervating literature

Met baie min uitsonderings behoort al die sogenaamde sosialistiese en kommunistiese publikasies wat nou (1847) in Duitsland sirkuleer, tot die domein van hierdie vuil en enerverende literatuur

2) Conservative Socialism, or Bourgeoisie Socialism
2) Konserwatiewe sosialisme, of bourgeoisie sosialisme

A part of the Bourgeoisie is desirous of redressing social grievances
'n Deel van die bourgeoisie wil graag sosiale griewe regstel
in order to secure the continued existence of Bourgeoisie society
om die voortbestaan van die bourgeoisie-samelewing te verseker
To this section belong economists, philanthropists, humanitarians
Tot hierdie afdeling behoort ekonome, filantrope, humanitêre
improvers of the condition of the working class and organisers of charity
verbeteraars van die toestand van die werkersklas en organiseerders van liefdadigheid
members of societies for the prevention of cruelty to animals
lede van verenigings vir die voorkoming van wreedheid teenoor diere
temperance fanatics, hole-and-corner reformers of every imaginable kind
matigheidsfanatici, gat-en-hoek-hervormers van elke denkbare soort
This form of Socialism has, moreover, been worked out into complete systems
Hierdie vorm van sosialisme is boonop in volledige stelsels uitgewerk
We may cite Proudhon's "Philosophie de la Misère" as an example of this form
Ons kan Proudhon se "Philosophie de la Misère" as 'n voorbeeld van hierdie vorm noem
The Socialistic Bourgeoisie want all the advantages of modern social conditions
Die sosialistiese bourgeoisie wil al die voordele van moderne sosiale toestande hê

but the Socialistic Bourgeoisie don't necessarily want the resulting struggles and dangers
maar die sosialistiese bourgeoisie wil nie noodwendig die gevolglike stryd en gevare hê nie

They desire the existing state of society, minus its revolutionary and disintegrating elements
Hulle begeer die bestaande toestand van die samelewing, minus sy revolusionêre en verbrokkelende elemente

in other words, they wish for a Bourgeoisie without a proletariat
met ander woorde, hulle wens 'n bourgeoisie sonder 'n proletariaat

The Bourgeoisie naturally conceives the world in which it is supreme to be the best
Die bourgeoisie bedink natuurlik die wêreld waarin dit oppermagtig is om die beste te wees

and Bourgeoisie Socialism develops this comfortable conception into various more or less complete systems
en Bourgeoisie Sosialisme ontwikkel hierdie gemaklike opvatting in verskeie min of meer volledige stelsels

they would very much like the proletariat to march straightway into the social New Jerusalem
hulle wil baie graag hê dat die proletariaat dadelik na die sosiale Nuwe Jerusalem marsjeer

but in reality it requires the proletariat to remain within the bounds of existing society
maar in werklikheid vereis dit dat die proletariaat binne die grense van die bestaande samelewing bly

they ask the proletariat to cast away all their hateful ideas concerning the Bourgeoisie
hulle vra die proletariaat om al hul haatlike idees oor die bourgeoisie weg te gooi

there is a second more practical, but less systematic, form of this Socialism
daar is 'n tweede meer praktiese, maar minder sistematiese, vorm van hierdie sosialisme

this form of socialism sought to depreciate every revolutionary movement in the eyes of the working class

Hierdie vorm van sosialisme het gepoog om elke revolusionêre beweging in die oë van die werkersklas te depresieer

they argue no mere political reform could be of any advantage to them

Hulle voer aan dat geen blote politieke hervorming vir hulle tot voordeel kan wees nie

only a change in the material conditions of existence in economic relations are of benefit

slegs 'n verandering in die materiële bestaansvoorwaardes in ekonomiese verhoudinge is voordelig

like communism, this form of socialism advocates for a change in the material conditions of existence

Soos kommunisme, bepleit hierdie vorm van sosialisme 'n verandering in die materiële bestaansvoorwaardes

however, this form of socialism by no means suggests the abolition of the Bourgeoisie relations of production

hierdie vorm van sosialisme dui egter geensins op die afskaffing van die bourgeoisie se produksieverhoudings nie

the abolition of the Bourgeoisie relations of production can only be achieved through a revolution

die afskaffing van die bourgeoisie se produksieverhoudings kan slegs deur 'n rewolusie bereik word

but instead of a revolution, this form of socialism suggests administrative reforms

Maar in plaas van 'n rewolusie, stel hierdie vorm van sosialisme administratiewe hervormings voor

and these administrative reforms would be based on the continued existence of these relations

en hierdie administratiewe hervormings sou gebaseer wees op die voortbestaan van hierdie betrekkinge

reforms, therefore, that in no respect affect the relations between capital and labour

hervormings wat dus in geen opsig die verhoudings tussen kapitaal en arbeid beïnvloed nie

at best, such reforms lessen the cost and simplify the administrative work of Bourgeoisie government

op sy beste verminder sulke hervormings die koste en vereenvoudig die administratiewe werk van die bourgeoisie-regering

Bourgeois Socialism attains adequate expression, when, and only when, it becomes a mere figure of speech

Burgerlike sosialisme bereik voldoende uitdrukking, wanneer, en slegs wanneer, dit 'n blote beeldspraak word

Free trade: for the benefit of the working class

Vryhandel: tot voordeel van die werkersklas

Protective duties: for the benefit of the working class

Beskermende pligte: tot voordeel van die werkersklas

Prison Reform: for the benefit of the working class

Gevangenishervorming: tot voordeel van die werkersklas

This is the last word and the only seriously meant word of Bourgeoisie Socialism

Dit is die laaste woord en die enigste ernstig bedoelde woord van Bourgeoisie Sosialisme

It is summed up in the phrase: the Bourgeoisie is a Bourgeoisie for the benefit of the working class

Dit word opgesom in die frase: die bourgeoisie is 'n bourgeoisie tot voordeel van die werkersklas

3) Critical-Utopian Socialism and Communism
3) Krities-utopiese sosialisme en kommunisme

We do not here refer to that literature which has always given voice to the demands of the proletariat
Ons verwys hier nie na die literatuur wat nog altyd die eise van die proletariaat uitgespreek het nie
this has been present in every great modern revolution, such as the writings of Babeuf and others
dit was teenwoordig in elke groot moderne rewolusie, soos die geskrifte van Babeuf en ander
The first direct attempts of the proletariat to attain its own ends necessarily failed
Die eerste direkte pogings van die proletariaat om sy eie doelwitte te bereik, het noodwendig misluk
these attempts were made in times of universal excitement, when feudal society was being overthrown
Hierdie pogings is aangewend in tye van universele opwinding, toe die feodale samelewing omvergewerp is
the then undeveloped state of the proletariat led to those attempts failing
Die destydse onontwikkelde toestand van die proletariaat het daartoe gelei dat daardie pogings misluk het
and they failed due to the absence of the economic conditions for its emancipation
en hulle het misluk weens die afwesigheid van die ekonomiese voorwaardes vir sy emansipasie
conditions that had yet to be produced, and could be produced by the impending Bourgeoisie epoch alone
toestande wat nog geproduseer moes word, en deur die naderende bourgeoisie-tydperk alleen geproduseer kon word
The revolutionary literature that accompanied these first movements of the proletariat had necessarily a reactionary character

Die revolusionêre literatuur wat hierdie eerste bewegings van die proletariaat vergesel het, het noodwendig 'n reaksionêre karakter gehad

This literature inculcated universal asceticism and social levelling in its crudest form

Hierdie literatuur het universele asketisme en sosiale nivellering in sy grofste vorm ingeskerp

The Socialist and Communist systems, properly so called, spring into existence in the early undeveloped period

Die sosialistiese en kommunistiese stelsels, behoorlik sogenaamd, ontstaan in die vroeë onontwikkelde tydperk

Saint-Simon, Fourier, Owen and others, described the struggle between proletariat and Bourgeoisie (see Section 1)

Saint-Simon, Fourier, Owen en ander, het die stryd tussen proletariaat en bourgeoisie beskryf (sien Afdeling 1)

The founders of these systems see, indeed, the class antagonisms

Die stigters van hierdie stelsels sien inderdaad die klasse-antagonismes

they also see the action of the decomposing elements, in the prevailing form of society

hulle sien ook die optrede van die ontbindende elemente, in die heersende vorm van die samelewing

But the proletariat, as yet in its infancy, offers to them the spectacle of a class without any historical initiative

Maar die proletariaat, wat nog in sy kinderskoene is, bied hulle die skouspel van 'n klas sonder enige historiese inisiatief

they see the spectacle of a social class without any independent political movement

hulle sien die skouspel van 'n sosiale klas sonder enige onafhanklike politieke beweging

the development of class antagonism keeps even pace with the development of industry

Die ontwikkeling van klasse-antagonisme hou tred met die ontwikkeling van die nywerheid

so the economic situation does not as yet offer to them the material conditions for the emancipation of the proletariat

Die ekonomiese situasie bied hulle dus nog nie die materiële voorwaardes vir die emansipasie van die proletariaat nie

They therefore search after a new social science, after new social laws, that are to create these conditions

Hulle soek dus na 'n nuwe sosiale wetenskap, na nuwe sosiale wette, wat hierdie toestande moet skep

historical action is to yield to their personal inventive action

historiese optrede is om toe te gee aan hul persoonlike vindingryke optrede

historically created conditions of emancipation are to yield to fantastic conditions

histories geskepte toestande van emansipasie sal toegee aan fantastiese toestande

and the gradual, spontaneous class-organisation of the proletariat is to yield to the organisation of society

en die geleidelike, spontane klasse-organisasie van die proletariaat moet toegee aan die organisasie van die samelewing

the organisation of society specially contrived by these inventors

die organisasie van die samelewing wat spesiaal deur hierdie uitvinders bedink is

Future history resolves itself, in their eyes, into the propaganda and the practical carrying out of their social plans

Toekomstige geskiedenis los homself in hul oë op in die propaganda en die praktiese uitvoering van hul sosiale planne

In the formation of their plans they are conscious of caring chiefly for the interests of the working class

In die vorming van hul planne is hulle bewus daarvan dat hulle hoofsaaklik na die belange van die werkersklas omgee

Only from the point of view of being the most suffering class does the proletariat exist for them

Slegs vanuit die oogpunt dat hulle die lydendste klas is, bestaan die proletariaat vir hulle

The undeveloped state of the class struggle and their own surroundings inform their opinions

Die onontwikkelde stand van die klassestryd en hul eie omgewing lig hul opinies in

Socialists of this kind consider themselves far superior to all class antagonisms

Sosialiste van hierdie aard beskou hulself as baie beter as alle klasse-antagonismes

They want to improve the condition of every member of society, even that of the most favoured

Hulle wil die toestand van elke lid van die samelewing verbeter, selfs dié van die mees begunstigdes

Hence, they habitually appeal to society at large, without distinction of class

Daarom doen hulle gewoonlik 'n beroep op die samelewing in die algemeen, sonder onderskeid van klas

nay, they appeal to society at large by preference to the ruling class

nee, hulle doen 'n beroep op die samelewing in die algemeen deur voorkeur vir die heersersklas

to them, all it requires is for others to understand their system

Vir hulle is al wat dit vereis dat ander hul stelsel verstaan

because how can people fail to see that the best possible plan is for the best possible state of society?

Want hoe kan mense nie sien dat die beste moontlike plan vir die beste moontlike toestand van die samelewing is nie?

Hence, they reject all political, and especially all revolutionary, action

Daarom verwerp hulle alle politieke, en veral alle revolusionêre, optrede

they wish to attain their ends by peaceful means

hulle wil hul doelwitte op vreedsame wyse bereik

they endeavour, by small experiments, which are necessarily doomed to failure

hulle poging, deur klein eksperimente, wat noodwendig tot mislukking gedoem is

and by the force of example they try to pave the way for the new social Gospel

en deur die krag van die voorbeeld probeer hulle die weg baan vir die nuwe sosiale Evangelie

Such fantastic pictures of future society, painted at a time when the proletariat is still in a very undeveloped state

Sulke fantastiese prente van die toekomstige samelewing, geskilder in 'n tyd waarin die proletariaat nog in 'n baie onontwikkelde toestand is

and it still has but a fantastical conception of its own position

en dit het nog steeds net 'n fantastiese opvatting van sy eie posisie

but their first instinctive yearnings correspond with the yearnings of the proletariat

maar hul eerste instinktiewe verlange stem ooreen met die verlange van die proletariaat

both yearn for a general reconstruction of society

Albei smag na 'n algemene heropbou van die samelewing

But these Socialist and Communist publications also contain a critical element

Maar hierdie sosialistiese en kommunistiese publikasies bevat ook 'n kritieke element

They attack every principle of existing society

Hulle val elke beginsel van die bestaande samelewing aan

Hence they are full of the most valuable materials for the enlightenment of the working class

Daarom is hulle vol van die waardevolste materiaal vir die verligting van die werkersklas

they propose abolition of the distinction between town and country, and the family

hulle stel voor dat die onderskeid tussen stad en platteland en die gesin afgeskaff word

the abolition of the carrying on of industries for the account of private individuals

die afskaffing van die bedryf van nywerhede vir rekening van privaat individue

and the abolition of the wage system and the proclamation of social harmony

en die afskaffing van die loonstelsel en die proklamasie van sosiale harmonie

the conversion of the functions of the State into a mere superintendence of production

die omskakeling van die funksies van die staat in 'n blote toesig oor produksie

all these proposals, point solely to the disappearance of class antagonisms

Al hierdie voorstelle dui slegs op die verdwyning van klasse-antagonismes

class antagonisms were, at that time, only just cropping up

Klasse-antagonismes het destyds net opgeduik

in these publications these class antagonisms are recognised in their earliest, indistinct and undefined forms only

In hierdie publikasies word hierdie klasse-antagonismes slegs in hul vroegste, onduidelike en ongedefinieerde vorme erken

These proposals, therefore, are of a purely Utopian character

Hierdie voorstelle is dus van 'n suiwer utopiese karakter

The significance of Critical-Utopian Socialism and Communism bears an inverse relation to historical development

Die betekenis van krities-utopiese sosialisme en kommunisme hou 'n omgekeerde verband met historiese ontwikkeling

the modern class struggle will develop and continue to take definite shape

Die moderne klassestryd sal ontwikkel en voortgaan om definitiewe vorm aan te neem

this fantastic standing from the contest will lose all practical value

Hierdie fantastiese posisie van die kompetisie sal alle praktiese waarde verloor

these fantastic attacks on class antagonisms will lose all theoretical justification

Hierdie fantastiese aanvalle op klasse-antagonismes sal alle teoretiese regverdiging verloor

the originators of these systems were, in many respects, revolutionary

Die skeppers van hierdie stelsels was in baie opsigte revolusionêr

but their disciples have, in every case, formed mere reactionary sects

maar hulle dissipels het in elke geval blote reaksionêre sektes gevorm

They hold tightly to the original views of their masters

Hulle hou styf vas aan die oorspronklike sienings van hul meesters

but these views are in opposition to the progressive historical development of the proletariat

maar hierdie sienings is in teenstelling met die progressiewe historiese ontwikkeling van die proletariaat

They, therefore, endeavour, and that consistently, to deaden the class struggle

Hulle poog dus, en dit konsekwent, om die klassestryd dood te maak

and they consistently endeavour to reconcile the class antagonisms

en hulle poog deurgaans om die klasse-antagonismes te versoen

They still dream of experimental realisation of their social Utopias

Hulle droom steeds van eksperimentele verwesenliking van hul sosiale Utopieë

they still dream of founding isolated "phalansteres" and establishing "Home Colonies"

hulle droom steeds daarvan om geïsoleerde "phalansteres" te stig en "Home Colonies" te stig

they dream of setting up a "Little Icaria" — duodecimo editions of the New Jerusalem

hulle droom daarvan om 'n "Klein Icaria" op te rig - duodecimo-uitgawes van die Nuwe Jerusalem

and they dream to realise all these castles in the air

en hulle droom om al hierdie kastele in die lug te verwesenlik

they are compelled to appeal to the feelings and purses of the bourgeois

hulle is verplig om 'n beroep op die gevoelens en beursies van die bourgeois te doen

By degrees they sink into the category of the reactionary conservative Socialists depicted above

Geleidelik sink hulle in die kategorie van die reaksionêre konserwatiewe sosialiste wat hierbo uitgebeeld word

they differ from these only by more systematic pedantry

hulle verskil slegs van hierdie deur meer sistematiese pedanterie

and they differ by their fanatical and superstitious belief in the miraculous effects of their social science

en hulle verskil deur hul fanatiese en bygelowige geloof in die wonderbaarlike gevolge van hul sosiale wetenskap

They, therefore, violently oppose all political action on the part of the working class

Hulle staan dus gewelddadig alle politieke optrede van die werkersklas teë

such action, according to them, can only result from blind unbelief in the new Gospel

sulke optrede kan volgens hulle slegs die gevolg wees van blinde ongeloof in die nuwe Evangelie

The Owenites in England, and the Fourierists in France, respectively, oppose the Chartists and the "Réformistes"

Die Oweniete in Engeland, en die Fourieriste in Frankryk, onderskeidelik, staan die Chartiste en die "Réformistes" teë

Position of the Communists in Relation to the Various Existing Opposision Parties

Posisie van die kommuniste in verhouding tot die verskillende bestaande opposisiepartye

Section II has made clear the relations of the Communists to the existing working-class parties

Afdeling II het die verhoudings van die kommuniste met die bestaande werkersklaspartye duidelik gemaak

such as the Chartists in England, and the Agrarian Reformers in America

soos die Chartiste in Engeland, en die Agrariese Hervormers in Amerika

The Communists fight for the attainment of the immediate aims

Die Kommuniste veg vir die bereiking van die onmiddellike doelwitte

they fight for the enforcement of the momentary interests of the working class

hulle veg vir die afdwinging van die kortstondige belange van die werkersklas

but in the political movement of the present, they also represent and take care of the future of that movement

Maar in die politieke beweging van die hede verteenwoordig en sorg hulle ook vir die toekoms van daardie beweging

In France the Communists ally themselves with the Social-Democrats

In Frankryk verbind die Kommuniste hulself met die Sosiaal-Demokrate

and they position themselves against the conservative and radical Bourgeoisie

en hulle posisioneer hulself teen die konserwatiewe en radikale bourgeoisie

however, they reserve the right to take up a critical position in regard to phrases and illusions traditionally handed down from the great Revolution

hulle behou egter die reg voor om 'n kritiese standpunt in te neem ten opsigte van frases en illusies wat tradisioneel van die groot rewolusie oorgedra is

In Switzerland they support the Radicals, without losing sight of the fact that this party consists of antagonistic elements

In Switserland ondersteun hulle die Radikale, sonder om uit die oog te verloor dat hierdie party uit antagonistiese elemente bestaan

partly of Democratic Socialists, in the French sense, partly of radical Bourgeoisie

deels van Demokratiese Sosialiste, in die Franse sin, deels van radikale bourgeoisie

In Poland they support the party that insists on an agrarian revolution as the prime condition for national emancipation

In Pole ondersteun hulle die party wat aandring op 'n agrariese revolusie as die belangrikste voorwaarde vir nasionale emansipasie

that party which fomented the insurrection of Cracow in 1846

daardie party wat die opstand van Krakau in 1846 aangevuur het

In Germany they fight with the Bourgeoisie whenever it acts in a revolutionary way

In Duitsland veg hulle met die bourgeoisie wanneer dit op 'n revolusionêre manier optree

against the absolute monarchy, the feudal squirearchy, and the petty Bourgeoisie

teen die absolute monargie, die feodale squirearchy en die kleinburgery

But they never cease, for a single instant, to instil into the working class one particular idea

Maar hulle hou nooit op om vir 'n enkele oomblik een spesifieke idee in die werkersklas in te boesem nie

the clearest possible recognition of the hostile antagonism between Bourgeoisie and proletariat

die duidelikste moontlike erkenning van die vyandige antagonisme tussen bourgeoisie en proletariaat

so that the German workers may straightaway use the weapons at their disposal

sodat die Duitse werkers dadelik die wapens tot hul beskikking kan gebruik

the social and political conditions that the Bourgeoisie must necessarily introduce along with its supremacy

die sosiale en politieke toestande wat die bourgeoisie noodwendig saam met sy oppergesag moet instel

the fall of the reactionary classes in Germany is inevitable

die val van die reaksionêre klasse in Duitsland is onvermydelik

and then the fight against the Bourgeoisie itself may immediately begin

en dan kan die stryd teen die bourgeoisie self onmiddellik begin

The Communists turn their attention chiefly to Germany, because that country is on the eve of a Bourgeoisie revolution

Die Kommuniste vestig hul aandag hoofsaaklik op Duitsland, want daardie land is op die vooraand van 'n bourgeoisie-rewolusie

a revolution that is bound to be carried out under more advanced conditions of European civilisation

'n rewolusie wat sekerlik onder meer gevorderde toestande van die Europese beskawing uitgevoer sal word

and it is bound to be carried out with a much more developed proletariat

en dit sal beslis uitgevoer word met 'n baie meer ontwikkelde proletariaat

a proletariat more advanced than that of England was in the seventeenth, and of France in the eighteenth century

'n proletariaat wat meer gevorderd was as dié van Engeland in die sewentiende en van Frankryk in die agtiende eeu

and because the Bourgeoisie revolution in Germany will be but the prelude to an immediately following proletarian revolution

en omdat die bourgeoisie-rewolusie in Duitsland maar die voorspel sal wees tot 'n onmiddellik daaropvolgende proletariese rewolusie

In short, the Communists everywhere support every revolutionary movement against the existing social and political order of things

Kortom, die Kommuniste ondersteun oral elke revolusionêre beweging teen die bestaande sosiale en politieke orde van dinge

In all these movements they bring to the front, as the leading question in each, the property question

In al hierdie bewegings bring hulle die eiendomskwessie na vore, as die leidende vraag in elkeen,

no matter what its degree of development is in that country at the time

maak nie saak wat die mate van ontwikkeling destyds in daardie land is nie

Finally, they labour everywhere for the union and agreement of the democratic parties of all countries

Laastens werk hulle oral vir die unie en ooreenkoms van die demokratiese partye van alle lande

The Communists disdain to conceal their views and aims

Die Kommuniste minag om hul sienings en doelwitte te verberg

They openly declare that their ends can be attained only by the forcible overthrow of all existing social conditions

Hulle verklaar openlik dat hul doelwitte slegs bereik kan word deur die gewelddadige omverwerping van alle bestaande sosiale toestande

Let the ruling classes tremble at a Communistic revolution
Laat die heersende klasse bewe vir 'n kommunistiese rewolusie

The proletarians have nothing to lose but their chains
Die proletariërs het niks om te verloor nie, behalwe hul kettings

They have a world to win
Hulle het 'n wêreld om te wen

WORKING MEN OF ALL COUNTRIES, UNITE!
WERKENDE MANNE VAN ALLE LANDE, VERENIG!